本书得到

◆ 国家社会科学基金重大项目"加快劳动力要素自由流动的对外贸易战略转型研究"（14ZDA082）

◆ 国家社会科学基金重点项目"我国人力资本要素内涵式演进与国际经济竞争新优势培育研究"（14AJL011）

◆ 中国博士后科学基金面上项目"工序分工条件下中美贸易利益分配研究"（2013M530537）

资助，特此致谢！

工序分工条件下
中美贸易利益分配研究

A STUDY ON
SINO-US TRADE BENEFIT DISTRIBUTION IN
THE BACKGROUND OF THE PRODUCT SPECIALIZATION

熊珍琴 赵春明 | 著

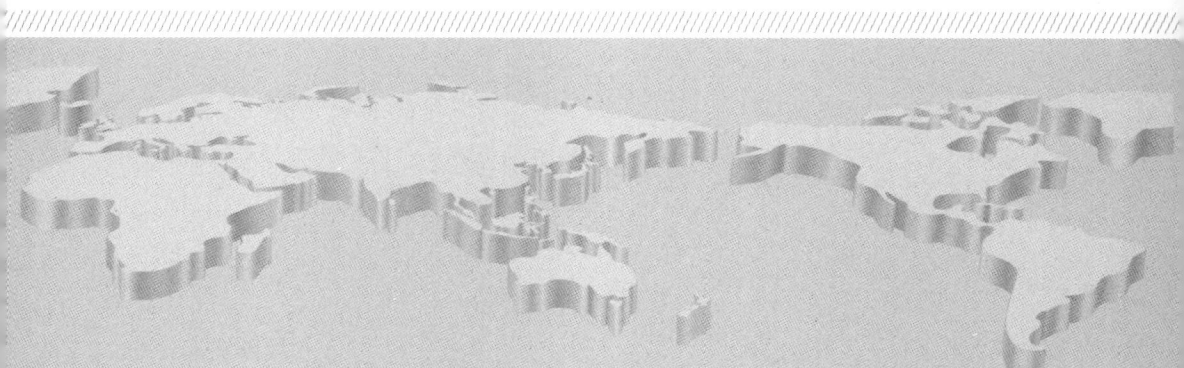

人民出版社

目　　录

导　　论

第一节　研究背景和意义

一、研究缘起

改革开放以来,中国对外贸易发展取得了辉煌的成就,然而必须正视的一个事实是,虽然自 2009 年以来中国的对外贸易出口总量一直稳居世界第一,但我国的出口长期以来却是以低科技含量、低附加值的劳动密集型产品为主。平均上亿件衬衫才能换回一架波音客机,这是"中国制造"的尴尬。这种状况迫使我们必须认真思考:中国参与国际分工与贸易的基础是什么? 中国现行的对外贸易发展模式是否可持续? 中国对外经济与贸易的发展实际上处于一个高顺差和低利得并存的境地,而中国最大的贸易顺差来源国——美国,却认为中国从巨额的对美贸易顺差中获得了大量的贸易利益,掠夺了他们的就业岗位,是美国失业率高企的罪魁祸首,因而频频诘难中国,逼迫人民币升值。

事实上,中国对外贸易利得的现实与国外某些学者和政要的判断和想象大相径庭。经济全球化条件下,中国充分发挥劳动力价格相对低廉的比较优势,大力发展加工贸易,积极吸引包括美国在内的外商直接投资,承接了大量的低端加工贸易产业国际转移,生产并出口劳动密集型产品。这种工贸模式不仅使中国迅速地融入了国际分工体系,还带动了进出口贸易的飞速增长和国民经济的快速发展。美国则凭借着自身的资本、技术、品牌和管理方面的比较优势,在中美国际分工中居于主导地位,占据了附加值高的技术和市场环节,中国则被低端锁定在附加值低的生产环节。中国在中美双边贸易中虽然赢得了巨额的贸易顺差,但却不是这些顺差产生的唯一来源国,其中有数额不小的贸易顺差来源于产业国际转移所带来的顺差的迁移效应:一方面,美国以外的其他国家尤其是东亚国家和地区如日本、韩国和中国台湾地区将其成熟产业向中国内地转移,将原本是这些国家或地区的对美贸易顺差转化为中国对美贸易顺差;另一方面,由于美国的劳动力工资水平较高,在劳动密集型产业的生产上不具备比较优势,美国于是施行了国际战略角色转变,通过跨国公司直接在华投资设厂,在中国从事加工贸易,将原先对华的商品输出转化为资本输出。在这种情形下,美国利用中国劳动力价格低廉的比较优势,增强在华跨国公司产品的国际竞争力,攫取更多的商业利润,同时通过在华跨国公司生产出的商品又返销美国,将原先中国从美国直接进口商品的贸易模式转化为美国在华跨国公司生产就地销售并对美国出口同类商品的贸易投资模式,美国跨国公司在获得大量实际投资收益的同时,却虚增了中美贸易顺差。这一角色反转效应使得中美贸易顺差居高不下。实际上,中国从加工贸易模式中获得的利益并不多,在巨额的中美贸易顺差中剔除第三国中间投入品的价值后,中国并没有获得想象中那么多的贸易利益,相反美国却在美中贸易逆差中获得了旁人想象不到的贸易利益。对于中美贸易中贸易利益的真正归属以及双边贸易中各自获利的计量问题,国内外商界、学界和政界各执一词,众说纷纭。

产品内分工背景下,中国得自美国的贸易顺差能否等同于中国对美贸易的实际利得?中美两国各自的分工利益和贸易利益是不是得到了有效的维护?"中国制造"是否真的抢占了美国人的就业岗位,是美国失业率走高的罪魁祸首? 造成现行中美贸易利益分配格局的成因是什么? 中国在产品内分工条件下应该采取何种措施来有效地维护自身的分工利益和贸易利益? 中国政府和企业维护与提升贸易利益的路径有哪些? 在调整和选择中国的对外贸易发展战略时哪些因素必须予以考量? 等等。这些问题已经成为摆在政府决策者和经济研究工作者们面前不容回避的严峻课题。

本书研究的主要目的是通过考察国际分工演进的历史背景,对工序分工条件下贸易利益的来源和分配特征进行详细的解析,探讨现行中美贸易利益分配格局的成因,并进一步探寻提升中国贸易利益的现实路径,以期为决策者贸易战略选择提供资政参考。

本书之所以选择中美两国为例来分析工序分工条件下国家之间尤其是发达国家与发展中国家贸易利益的测度与分配,主要是基于以下四点考虑:

其一,中国是世界上最大的发展中国家、最大的潜在消费市场;美国是世界上最大的发达国家,是市场经济发展成熟度最高的国家。中美两国在经贸领域的深入合作,给两国人民带来了巨大的福祉。扩大和深化中美全方位合作尤其是经贸领域内的深入合作,不仅符合两国人民的根本利益,而且将为推动国际经贸领域发展作出更大的贡献。目前中美两国已经互为对方国家的第二大贸易伙伴,美国还是中国的第二大出口市场和第六大进口来源地,中国是美国的第三大出口市场和第一大进口来源地。贸易的高增长和互惠互利已经成为两国双边贸易的典型特征,中美贸易具有很强的互补性,贸易利益分配最具有国际代表性。

其二,中国加入世界贸易组织后与世贸组织成员国在经贸领域的合作日益深入,中国承接了东亚一些国家产业的国际转移,中国对美贸易顺差的扩大与东亚国家对美贸易顺差的缩小同时并存,中国对美贸易顺差连年居高不下、迭创新高,实际上是东亚国家对美贸易

3

顺差的迁移效应使然；与此同时，美国跨国公司在华直接投资设厂，将中国纳入其全球产业生产布局之中，将美国对中国商品输出转化为资本输出，美国在华企业生产的商品出口到美国同样被视为中国对美国的贸易出口，这就产生了一个很现实的问题：美国在华企业出口是实际主要贸易利益的获得者，而由此产生的贸易差额却计入到中国的国际收支账户中，这就造成了现实中的中美贸易差额与贸易利得流向并不同向。中国仅赚取了少量的加工费用，却被误认为获得了全部的贸易收益，按照"属地"原则统计的贸易差额与按照"属人"原则统计的实际贸易利得之间存在着巨大的数字鸿沟，两国间贸易失衡的争议和分歧也进一步扩大。

其三，选择中美两国制成品工序贸易利益分配作为研究对象，全面、系统地就中美间制成品工序贸易发展类型、微观基础和利益分配格局进行分析，既为我们认识发达国家与发展中国家之间垂直型产品内分工与贸易的发展脉络提供了典型的观察实例，更为我们认识当代垂直型工序贸易中利益分配的不平等性提供了极好的实证样本。

其四，美国一些政客以中国大量出口劳动密集型产品到美国致使中美贸易失衡导致美国国内失业率走高为由，多次向中国政府施加压力，逼迫人民币汇率升值，并以此为竞选筹码。中美贸易失衡这一单纯的经济问题被别有用心地演绎为集经济矛盾与政治冲突于一体的复杂问题，成为多轮中美战略与经济对话的核心议题。中美经济利益政治化，不仅妨碍了中美经贸关系的正常发展，而且进一步加剧了中美政治摩擦，给中美关系的正常发展蒙上阴影。因此，客观地看待和正确处理中美贸易问题，不仅事关两国经济的正常发展，更关系到中美政治、外交、文化等方面关系的健康与持续发展。中美两国政治摩擦下的贸易利益分配与经济利益的协调需要更为慎重地对待和处理。

二、研究意义

从理论研究的视角来看,面对日益复杂的贸易现象,国际贸易理论的演进日益细化和深入,解释力也越来越强。从最初亚当·斯密(Adam Smith)的绝对优势理论,到大卫·李嘉图(David Ricardo)的比较优势理论,再到赫克歇尔(EliFilip Heckscher)和俄林(Bertil Ohlin)的要素禀赋理论,这些传统的贸易理论都是从完全竞争的市场结构、规模报酬不变和要素不能跨境流动的假定出发,研究的都是产业间的分工与贸易。克鲁格曼(Krugman,1979,1980)则从不完全竞争的市场结构和规模报酬递增出发,提出新贸易理论,引导人们开始从产业内分工的视角来研究国际贸易。而以梅里兹(Melitz,2003)、安特思(Antras,2004)等为代表的新新贸易理论,将行业内生产异质性引入垄断竞争模型,贸易理论的新发展更贴近贸易现实,引领人们从企业和产品的微观角度来研究国际分工和贸易。从中我们可以清晰地看到国际分工和贸易理论的发展历经了从宏观国家层面到中观产业层面再到微观企业和产品层面的过程。

从贸易实践的角度来看,随着生产的标准化和运输的便利性及运输、通信成本的下降,以零部件为代表的中间品贸易兴起,中间品贸易已经占到整个世界贸易的三分之二左右。国际商品贸易的主体不再是以往的最终产品贸易,而是中间产品和零部件频繁的跨境流动,国际贸易内容已经发生了根本的变化。

追求贸易利益是世界各国参与国际分工和国际贸易的动因和归宿。自从贸易理论产生以来,贸易利益分配问题就一直居于理论研究的核心地位。以劳动生产率和要素禀赋差异为基础的比较优势理论,较好地解释了以往以最终产品进出口的产业间分工下的利益分配,规模经济贸易理论则较好地解释了发达国家之间工业产品"双向贸易"利益分配的现实。

5

　　然而,20世纪80年代以来,在经济全球化深化和跨国公司全球生产网络布点、优化资源配置的背景下,国际分工形式发生了巨大的变革,出现了产品内国际分工的新现象。产品内分工是一种产品在多国或地区分工连续生产,伴有中间品的进口和最终产品出口的国际分工形式。产品各个生产工序和区段分散到不同国家间进行,中间产品频繁进行跨国交易,贸易利益主体多元化和复杂化,扑朔迷离的贸易利益主体致使利益分配隐蔽化。

　　产品内分工是新一轮国际产业转移的动力和基础。产品内分工的新发展,改变了贸易的本质和流向,国家间贸易利益的分配关系错综复杂,顺差方不一定获利,逆差方也不一定受损。因此,需要我们在继承前人已有研究成果的基础上,结合新型国际分工的特点来进行认识上的创新,厘清产品内分工背景下贸易利益的来源、明确参与贸易利益分配的主体、完善贸易利益分配的机制。此时,若能借助于价值链分析工具,从出口产品附加增值的视角,按照要素所有权属性厘定中美贸易利益的流向,去重新审视和研究两国间贸易利益的分配,有助于廓清双方实际贸易利得,增加共识,减少分歧,促进中美双边经贸关系的健康、和谐发展,实现两国经贸互利共赢。这是贸易理论在新贸易现实下的发展、丰富和完善,从而增强对贸易实践的指导和解释力,使贸易理论与政策更好地指导和服务贸易实践。从这一角度来说,本书所选主题的研究具有重要的理论价值。

　　贸易利益问题既是贸易理论研究的核心问题,更是贸易实践的重要研究领域。近年来,由于全球金融危机的影响,世界经济增速放缓,经济利益的实现和拓展变得更为艰难,贸易参与国转而将关注点更多地放在利益分配上。在全球经济关注点由利益创造转向利益分配的国际背景下,如何维护一国的应有利益与利益创造同等重要。

　　20世纪80年代以来,尤其进入21世纪之后,随着现代科技的发展,产品技术标准化的实现,再加上现代交通、通信的便利化,生产的可分性越来越强,产品的研发、设计、生产、营销、售后服务等技术、生产、市场的各个环节都可以实现时空分离,使得产品在技术上突破地域限制成为可能。生产的可分离性使得每一个环节或工序可以在成本最低的区域完成,企业的生存和发展在很大程度上取决于成本价格竞争优势。

　　跨国公司为实现利润最大化,在全球范围内跨境优化配置资源,通过国际外包,逐步将自己不具有比较优势的加工、组装等低技术劳动密集型生产工序或价值环节分散到劳动力价格低廉的发展中国家的企业进行专业化生产,充分利用发展中国家的劳动力和自然资源禀赋的比较优势,通过对外直接投资,与东道国劳动力要素相结合,实现了资本雇佣劳动,以此完成对各生产要素的跨境优化配置。跨国公司自身则专注于创意设计、产品研发、品牌运营及管理等附加值高的核心环节,使企业内部一体化的产品生产过程从以往由一个国家独立完成发展到由世界上不同国家和地区合作完成,以达到要素融合、利益最大化的目标。跨国公司主导的这种产品内分工模式保证了跨国公司将各要素配置在最适合的国家或地区进行国际专业化生产,却造成了国际贸易利益分配研究的两大难题:

　　其一,贸易利益分配主体多元化和复杂化。跨国公司国际化生产使得以往的贸易利益分配主体由传统的最终产品生产国这一唯一的利益分配主体增加到现在的三个利益分配主体,即跨国公司本身、跨国公司母国以及东道国。跨国公司通过对外直接投资将自身丰富的资本、技术、管理等高级生产要素与东道国充裕的非熟练劳动力等低级生产要素结合,实现了低成本规模化生产,保障了跨国公司利益最大化;跨国公司母国主要是通过本国跨国公司竞争力增强、中间品迂回贸易的增加获利以及本国资本和技术等生产要素在国外获得的收益回流来实现其贸易利益;而东道国的贸易利益体现在两方面,一是本国劳动力要素参与国际分工后获得报酬的增加和劳动力要素技术熟练程度的增强来实现;二是通过跨国公司的技术外溢,客观上推动东道国产业结构完善和产业关联度增强、就业增加等。

其二,贸易利益分配的隐性化。跨国公司贸易内部化的出现和不断发展使得大量的贸易利益隐性流向跨国公司,因此合理地测度和研判跨国公司内部贸易利益的分配成为产品内分工背景下必须思考的问题,因为它涉及一国经济、贸易发展的成果是否落入自己的囊中,关系到一国经济与贸易政策未来发展的方向。在产品内分工条件下,发展中国家往往是作为最终产品的生产国和出口国,同时也是贸易差额的归集者,但却不一定是大部分贸易利益的获取者。然而,在经济全球化条件下,贸易给一国带来的直接的经济增长利益固然重要,但是贸易带来的就业促进、技术进步、产业升级、制度创新等间接贸易利益同样不可忽视。因此,产品内分工下贸易利益分配主体不仅仅囿于国家层面的整体利益,利益衡量标准也不应仅仅体现在贸易差额上,而应更多地体现在通过价值增值衡量的东道国企业贸易获利和贸易对一国经济和社会发展带来的外部效应上,比如促进东道国产业关联度提高和产业结构完善、增强技术和知识外溢、提高东道国政府以及居民的收入、完善东道国市场经济体系等方面。而这些外部效应正是不断缩短发展中国家与发达国家经济差距的重要因素,但衡量起来却存在一定的困难。

本书从贸易增加值的角度来考察中美产品内分工与贸易利益分配的具体情况,通过对中国参与产品内贸易所获利益的测算及相应的计量检验,剖析中国在产品内分工下贸易利得的动态变化,并据此提出中国企业向价值链高端攀升的策略,这对提高中国参与工序分工的效应,获得更多的国际分工收益具有重要的参考价值。因此,从全球工序垂直分工的视角,阐释中美贸易发展的基础,科学测度中美各自的贸易利益获取,从中探寻贸易利益分配的决定因素并提出提升中国贸易利益的政策建议,无疑具有重要的现实指导意义。

第二节　核心概念的界定

为了分析的准确性和论述的便利性,首先需要对本书反复涉及的三个核心概念的具体含义予以界定。

一、贸易利益

利益概念有广义和狭义之分。"广义利益是指经济、政治、文化、军事、外交、生态环境等方面的进步和发展;狭义利益是指经济水平的提高和人民生活的改善。"[①]《新帕尔格雷夫大辞典》对贸易利益的解释为:"贸易利益(The Gains from Trade)是国际贸易和投资的收益和损失。"[②]西方经济学认为:贸易利益是指在资源总量不增加,没有技术进步的前提下,一个国家或地区通过参与对外贸易,消费者可以消费的商品数量,大于封闭状态中各国自行生产得到的数量,从而实现实际福利的增长和改善,表现为一国经济的增长和国民生活水平的提高。从一般均衡角度来看,贸易利益体现为生产资源的节约或总产出的增加;从局部均衡角度分析,可以通俗地理解为进口商品国际价格比国内自行生产同种商品价格低,消费者剩余增大;出口商品国际价格高于在国内的售卖价格,生产者剩余增加。一国或地区贸易利益的大小既受贸易条件改善的影响,同时又受贸易量变化的影响。

从贸易理论的角度,可以将一国得自对外贸易的利益区分为静态贸易利益和动态贸易利益两大类。静态贸易利益侧重于一国参与国际贸易后所获得的直接经济利益,具体表现为资源总量一定、生产

[①]　姚贤镐、漆长华:《国际贸易学说》,中国对外经济贸易出版社 1990 年版,第 355 页。

[②]　约翰·伊特韦尔、默里·米尔盖特、彼得·纽曼等:《新帕尔格雷夫经济学大辞典》第 2 卷,经济科学出版社 1996 年版,第 485 页。

技术水平不变的情形下,通过参与国际分工获得的实际福利的增长。静态贸易利益是一个主权国家或独立经济区域参与国际分工、开展对外贸易所获的基本利益,它侧重于消费方面的好处(当然,这种利益与分工后生产力的提高有关);动态贸易利益侧重于一国参与国际贸易所产生的对生产的刺激作用、对经济及社会发展的间接积极影响或是贸易衍生的福利,外在表现为资源利用效率提高、产业结构提升、科学技术进步、制度变革创新等。如果说静态贸易利益是直接的贸易利益的话,那么,动态贸易利益就是贸易带动并促进经济发展形成的间接的利益。本书重点分析的是狭义的、静态的贸易利益,但是在市场经济条件下,狭义、静态的贸易利益和广义、动态的贸易利益越来越显现出了一致性,因此本书也对中国得自美国贸易的动态利益方面进行了相应的分析。

二、产品内分工

20 世纪 80 年代以来,随着现代科技的发展,产品技术标准化的实现,原来完整的产品生产过程能够在生产阶段或生产工序上不断细化,可以分割成众多的生产环节,再加上便捷的现代交通和便利的现代通信,生产指令可以瞬间下达,产品生产对空间集聚的要求越来越淡化,生产过程能够分散在不同国家分段完成,产品内分工现象应运而生。

学术界对生产过程跨国界的新分工现象尚未形成一个权威的概念,国内外学者纷纷从不同的角度,对这一现象的术语和内涵进行表述,解读侧重点也不尽相同。比较有代表性的概念有:国外提出并使用产品内分工概念的学者主要是安德特(Arndt,1997)①;琼斯和凯尔茨考渥斯基(Jones & Kierzkowski,2004)则提出国际生产片断化

---

① Arndt Sven W., "Globalization and the Open Economy", *North American Journal of Economics and Finance*,1997b,8(1),pp.71-79.

（International Fragmentation）①的概念；胡梅尔斯（Hummels）用垂直专业化来概括这一生产现象,并提出垂直专业化必须满足三个条件:（1）产品生产要经过多个连续的阶段;（2）两个或两个以上的国家在生产过程中提供增值;（3）至少一个国家在生产过程中必须使用进口的投入品,其产出的一部分必须出口。其中第三个条件是垂直专业化区别于其他有关产品内分工和中间品贸易的关键（Hummels, D.,Ishii,J.& Yi,Kei-Mu,1999）②。"产品内分工是指特定产品生产过程中不同工序、不同区段、不同零部件的生产在空间上分布到不同国家,每个国家专业化于产品生产价值链的特定环节进行生产的现象"（田文,2005）③;"产品内分工的核心内涵是特定产品生产过程不同工序或区段,通过空间分散化展开成跨地区或跨国性的生产链条或体系,从而使越来越多国家或地区的企业参与特定产品生产过程不同环节或区段的生产或供应活动"（卢锋,2004）④。尽管学者们的表述千差万别,但实际观察和表达的几乎是生产过程跨国界分布这样同一个国际化生产现象,即产品生产必须经过多个工序,跨越国界并且至少一个国家在生产中运用了进口投入品,生产出的最终产品或者中间产品必须出口。

本书将产品内分工定义为:生产过程细分为若干个工序或环节,并分布到不同的国家或地区进行专业化生产的分工形态,其核心实际上是产品的特定生产环节延伸到不同国家,不同国家从事特定产品不同区段或不同工序的专业化生产现象。它以产品为中心,以各国资源配置为联结点,根据各国不同的要素禀赋或比较优势将产品

---

① Jones, Ronald W. and Kierzkowski, Henyk, "International Fragmentation and the New Economic Geography", Working Paper, 2004.

② Hummels, D., Ishii, J. and Yi, Kei-Mu, "The Nature and Growth of Vertical Specialization in World Trade", *Journal of International Economics*, 2001, 54, pp.75-96.

③ 田文:《产品内贸易的定义、计量及比较分析》,《财贸经济》2005年第5期。

④ 卢锋:《产品内分工》,《经济学季刊》2004年第10期。

生产环节置于不同的国家或地区,从而形成一个全球性的生产网络以及以产品为纽带的国际分工体系。产品内分工生产体系突破了传统的以产业为边界的国际分工格局和组织结构,其形成与发展本质上是企业跨国界进行高度专业化分工、在全球范围内优化资源配置的结果。产品内分工的发展必然导致特定产品生产过程中的不同工序、不同环节间中间品迂回贸易的增加,一方面极大地扩展了国际贸易的规模,另一方面引发了贸易顺差的迁移效应,虚增了承接加工生产环节外包国家(其中主要是发展中国家)的贸易顺差。

三、工序分工

工序分工作为产品内分工的拓展和深化,是产品内分工模式下的一个最主要的子模式。学术界对工序分工的内涵和外延尚未形成一个权威的界定,国内外学者纷纷从不同的角度对工序分工这一概念采用多种方式,作出了不下十余种阐释,解读侧重点也不尽相同。

迪克斯特和格罗斯曼(Dixit & Grossman,1982)[①]把产品生产工序在空间上分离称为"多阶段生产"(Multistage Production),认为多阶段生产的目的在于为下一阶段生产提供半成品。随后,琼斯和凯尔茨考渥斯基(Jones & Kierzkowski,1990)用"零散化生产"(Fragmented Production)来描述生产过程分离开来并散布到不同空间区位的分工形态,并提出"零散化生产"给国际分工和贸易的具体形态带来极大影响,世界贸易的主要对象也从传统的最终产品扩展为中间品和工序环节。而克鲁格曼(Krugman,1994)将工序分离现象描述为"价值链分割"(Slicing Up the Value Chain),与此同时,巴格瓦蒂和德赫加(Bhagwati & Dehejia,1994)用"万花筒式比较优势"(Kaleidoscope Comparative Advantage)来描述各国在相对比较优势基

---

① Dixit A.K.and Grossman Gene M.,"Trade and Protection with Multistage Production", *The Review of Economic Studies*,1982,49,pp.583-594.

础上从事不同生产工序的现象。安德特(Arndt,1997)则从发达国家参与全球工序分工与贸易的视角出发,将新兴市场国家承包发达国家生产过程的一部分工序的经济行为定义为外包(Outsourcing)和转包(Sub-contracting),这也是发达国家跨国公司生产经营的主体形式。芬斯特拉(Feenstra,1998)在表述现代全球生产和国际贸易的特点时,使用了"生产非一体化"(Disintegration of Production)和"贸易一体化"(Integration of Trade)的概念来描述工序分工和中间产品贸易盛行的国际生产和贸易现象。而胡梅尔斯、莱波帕特和易克莫(Hummels,Rapoport & Kei-Mu Yi,1998)则使用"垂直专门化分工贸易"(Vertical-specialization-based Trade)的概念来描述全球范围内的工序分工和中间品贸易现象。他们认为,"垂直专门化分工贸易"必须满足三个条件:一是产品生产必须经过多个工序;二是产品生产必须跨越国界;三是至少一个国家在工序生产中运用了进口投入品,生产出的最终产品或者中间产品必须出口。格罗斯曼和罗斯—哈斯伯格(Grossman & Rossi-Hansberg,2006)则将生产工序分割和中间产品贸易盛行的现象称为"工序分工与贸易"(Tasks Trading)。

　　国内学者对全球工序分工与贸易理论的研究始于21世纪初。卢锋(2004)[①]用"产品内分工"(Intra-product Specialization)概念来概括全球生产空间上分割的现象。郭炳南(2013)[②]则采用国际生产分割概念来阐释这一新型的国际生产分工体系。

　　本书认为,以往林林总总归纳新型国际分工形式的概念或是从发达国家"外包"工序的角度,或是从分工技术角度,尽管表述千差万别,但实际观察和表达的几乎是同一个国际化生产现象,即美国、日本、欧洲等发达国家跨国公司在一些发展中国家大量投资加工组

---

　　① 　卢锋:《全球价值链》,《经济学季刊》2004年第1期。
　　② 　郭炳南:《中国参与国际生产分割的经济效应研究》,上海交通大学出版社2013年版。

装业,建立起世界加工厂,各加工组装点之间产生大量的零部件或中间品贸易,对东道国的就业和出口产生重要的影响,由此,不仅催生出产品内国际分工体系,而且使发达国家与发展中国家之间垂直型分工贸易显著增长。而工序分工与贸易(Tasks Division and Trading)从国际分工与贸易角度,比较客观地刻画了新的生产分工形式和贸易内容,笔者认为采用"工序分工"的概念可以更好地描述生产过程跨国境分布的经济现象。由此,本书将采用格罗斯曼和罗斯—哈斯伯格(Grossman & Rossi-Hansberg)的界定,用工序分工与贸易来定义新的国际分工与贸易形式。工序分工与贸易这一概念更适合用来研究世界分工和一国的贸易发展问题,但为了论述方便,有时会将这些内涵相近的概念不加区别地引用。

本书将工序分工定义为生产过程细分为若干个工序或环节,并分布到不同的国家或地区进行生产的分工形态,其核心实际上是特定产品的不同生产环节延伸到不同国家,处于不同生产环节上的不同国家从事特定产品不同区段或不同工序的专业化生产流程分工。工序分工以产品为中心,以各国资源配置为联结点,根据各国不同的要素禀赋或比较优势将产品生产环节置于不同的国家或地区,从而形成一个全球性的以产品为纽带的生产网络体系,突破了原有的国际分工格局和产业组织结构,工序分工生产体系的形成与发展,本质上是企业跨国界进行高度专业化分工、在全球范围内优化资源配置的结果。

四、产品内贸易利益

本书所指的产品内贸易是指同一产品不同生产环节或工序生产的中间产品、加工产品既出口又进口的贸易现象。产品内贸易概念更加强调同一产品的各生产环节、价值形成在各国的分布。

跨国公司为实现利润最大化,在全球范围内跨境优化配置资源,通过国际外包,逐步将自己不具有比较优势的加工、组装等低技术劳动密集型生产工序或价值环节分散到劳动力价格低廉的发展中国家的企业进行专业化生产,充分利用发展中国家的劳动力工资低廉和自然资源丰富的比较优势,降低生产成本并延长产品的生命周期,增强产品在国际市场上的竞争力。跨国公司自身则专注于创意设计、产品研发、品牌运营及管理服务等附加值高的核心技术、市场环节,使企业内部一体化的产品生产过程从以往由一个国家或地区独立完成发展到由世界上不同国家和地区企业合作完成,以达到要素融合、利益最大化的目标。产品内分工和贸易条件下,发展中国家作为最终产品的生产国和出口国,同时又是贸易差额的名义归属国,但却不一定是贸易利益的真正所有国。对产品内贸易利益的衡量应该更加偏向于贸易中各国获取的附加价值增值而不是贸易额本身,所以它是一个更加微观的概念。

第三节　研究思路与方法

一、研究思路

本书研究的核心是工序分工条件下中美贸易利益的分配问题。行文遵循的基本研究思路是:

首先在对国际分工理论与贸易利益分配的现有文献进行梳理、总结和归纳的基础上,考察了中美建交后双边贸易的现状与特征;接着,分别从自由交易的双赢模型、对外贸易的福利增进效应模型、中间品贸易失衡的理论模型以及垂直专业化分工与产业集聚的理论模型四个层面,构建了工序分工与贸易模式下中美双边贸易利益分配的理论分析框架;之后,着重分析工序分工与贸易模式下中美两国从双边贸易中各自获得的贸易利益,主要是从静态贸易利益和动态贸易利益两个层面分别进行探讨,试图从中探寻中美贸易利益最终流向与贸易差额的归属并不同向的主要原因;随后,运用面板数据计量经济模型,从贸易增加值的视角,对中美贸易利益归属和分配问题进行实证检验,发现以非熟练技术劳动力为代表的低级生产要素在国际分工中获得的外贸利益相对较小,而以资本、管理和渠道为代表的高级生产要素获得的外贸利益较高。中国以劳动力比较优势融入国际生产分工,大力承接并发展加工贸易,在全球价值链中占据的是附加值较低的加工组装生产环节,因而获得的对外贸易整体收益较低;最后,针对中美贸易利益分配的调整,提出了培育高级生产要素,增加工序分工与贸易的收益;转型升级加工贸易,从传统比较优势走向竞争优势;选择瞄准合适产业,加大对美国的海外直接投资;培育国际竞争新优势,助推制造业价值链升级等对策建议,借此来扩大中国制造业参与工序分工与贸易的收益份额,实现中国由贸易大国向贸易强国的根本性转变。

具体来说,研究至少包括以下几个步骤:

首先,对工序分工条件下中美贸易利益的来源与结构进行分析,着重研究了静态贸易利益和动态贸易的结构、特点以及它们在不同生产环节和生产工序上的分布,为中美贸易利益流向与贸易差额归属不同向的原因分析提供统计支持和直观线索。

其次,探究影响中美贸易利益分配格局的主要因素。首要的是构建贸易利益的衡量指标。在工序分工与贸易中,贸易利益的分配不再仅仅是依据各国要素禀赋比较优势,而是取决于各参与国在全球价值链中占据的实际环节,不同工序、不同位次、不同环节的产品价值增值差异极大,一国的竞争优势不再像以往那样体现在某个特定产业或某项特定产品上,而是体现在该国在特定产品国际生产所占据的生产环节或工序上。

再次,由于中美贸易产品包含了多国生产因素的影响,是多国企业共同合作生产的结果,因此单从中美两国进出口贸易的角度无法准确解释中美贸易利益分配,需要更多地考虑其他国家因素的影响,比如日本、韩国、中国台湾等东亚相对发达的经济体充分利用中国的廉价劳动力优势,通过产品内国际分工体系向中国进行大量的产业和贸易转移,中美贸易产品可以看作是全球价值链分工体系的产物。

最后,中美贸易利益分配还受到统计口径、政治干预等非经济方面因素的影响。对这些非经济因素也需要做详细的讨论,力求达到还原中美贸易利益真实分配的目的。在上述分析的基础上,提出了中国如何维护贸易利益的政策建议。

二、研究方法

无论从理论分析还是从实证检验来说,本书研究的问题既有理论性又有现实性。本书运用了下述研究方法和研究工具,对工序分工条件下中美贸易利益分配问题进行研究。

第一,马克思主义唯物辩证法。世界各国经济是普遍联系同时又是变化发展的有机整体。产品内分工与贸易是当代国际经济发展的新现象,遵循自身内在的运动规律与发展方向,其演变既有内在的动因使然,也有外在因素施加的影响,因此,运用联系的、发展的、全面的观点,运用唯物辩证法,透过中美巨额贸易顺差的贸易表象进行研究,就会发现贸易利益分配格局究竟是怎样形成的,利益又是如何在不同经济发展阶段国家间进行分配的。

第二,历史方法与逻辑方法相结合。由于国际贸易利益分配问题是一个历史演进和现实逻辑交织的问题,所以本书将贸易理论演进的过程考察与遵循这一演进规律内部逻辑的分析有机地结合起来,交替采用历史分析法和逻辑分析法,对工序分工下贸易利益分配进行深入研究,以达到客观地揭示分工与贸易的本质及其规律的目的。

第三，价值链分析方法。利用全球价值链图解分析、价值链定位分析、价值链环节分析等工具研究中美两国在全球价值链中的定位及贸易利益的获取。利用价值链分析方法找出不同变量间的相关关系，明晰中国在全球价值链中实际利益的获取，从而为中国企业向价值链高端攀升提供路径借鉴。

第四，规范分析与实证分析相结合。在理论分析的基础上，运用实证分析方法，验证工序分工下中美两国间贸易利益的分配关系。针对中美贸易利益分配问题，主要采用面板数据模型、脉冲响应函数和方差分解等多种计量方法，进行实证检验后发现中美贸易差额的归属只是一种贸易表象，通过计量研究才能比较全面、真实地反映中美之间的贸易利益归属。

第一章　国际分工演进与贸易利益分配:文献述评

一国对外贸易利益的获取与它在国际分工中的地位密切相关,在国际分工中占据主导地位的国家,能够从国际贸易中获得更多的贸易利益。对贸易利益分配的研究是伴随着国际分工的形式变化而发展的。国际分工发展阶段不同,其经济理论对贸易利益分配创见各异。他山之石,可以攻玉。虽然传统的分工与贸易理论不可避免地烙上了时代背景和研究者的价值取向,但理论中的合理成分仍闪耀着科学的光芒,不失为我们分析当前国家之间贸易利益分配问题的重要理论基础和依据。借鉴传统的国际分工与贸易理论中科学合理的成分,结合当代国际分工新形式与贸易的发展特点,对已有贸易理论进行补充和完善,是合理解释当前国际贸易利益分配问题的前提基础和必由之路。

第一节　国际分工的历史演进

一、国际分工的发展

国际分工(International Division of Labor),简单来说,是指世界上各国或地区之间的劳动分工。国际分工是社会分工向国际范围内扩展的结果,实际上就是生产的国际专业化,它是国际贸易产生的前提和基础。国际分工是社会历史发展阶段的产物,并处于不断演化的发展过程之中。"国际分工的历史就是在市场规模不断扩大的过程中,迂回生产过程不断延长,不断向国际市场延伸的历史,也是分工的参与者以及迂回生产链中的各个环节专业化程度不断加深的历史,就是迂回生产链中的各个环节在国际市场中寻找最适生产地点的历史。"①国际分工的产生和发展主要取决于两个条件:一是社会经济条件,包括各国的科学技术水平、生产力发展水平、国内市场的大小、人口的多寡和社会经济结构的差异等;二是自然条件,包括气候、土壤、资源、国土面积大小和地理位置等。其中,社会经济条件是国际分工发生和发展的重要制约因素。因为尽管自然条件是发生国际分工的基础,但是如果没有社会经济条件的作用,自然条件并不能自动生成国际分工。②

纵观国际分工的产生、发展及深化的历史,我们可以发现国际分工向更高层次的演进都是伴随着科技革命的发展而演化的,大致可分为四个发展阶段:

16 世纪到 18 世纪 60 年代,是国际分工产生和发展的第一阶段。15 世纪末至 16 世纪上半叶的地理大发现以及随之而来的殖民地开拓,大大扩大了销售市场,并促进了手工业生产向工场手工业生产的过渡,使工业和产量迅速增长。那时,西欧殖民者因暴力手段和超经济的强制手段,在拉丁美洲、亚洲和非洲进行掠夺,他们开矿山,建立甘蔗、印度兰、烟草等种植园,发展以奴隶劳动为基础的、为世界市场生产的农场制度,形成了以宗主国生产工业品和殖民地生产甘

---

① 方勇:《分工演进与贸易投资一体化》,社会科学文献出版社 2011 年版,第 110 页。
② 马克思在"关于自由贸易的演说"中曾尖锐地指出:"先生们,您们也许认为生产咖啡和砂糖是西印度的自然禀赋吧。二百年以前,跟贸易毫无关系的自然界在那里连一棵咖啡树、一株甘蔗树也没有生长出来。也许不出五十年,那里连一点咖啡、一点砂糖也找不到了,因为东印度公司正以其更廉价的生产得心应手地跟西印度虚假的自然禀赋作竞争。"(《马克思恩格斯选集》第 1 卷,人民出版社 1972 年版,第 208 页)

蔗、烟草等农业品为特点的早期国际分工。

18世纪60年代到19世纪60年代，是国际分工发展的第二阶段。在机器大工业生产的推动下，英国等少数国家垄断了先进的工业部门的生产，并把落后的农业部门的生产转移到海外。亚洲、非洲和拉丁美洲落后国家的农民被迫为世界市场生产原料和粮食，并变为先进国家工业品的消费者。这样，原来在一国范围内的城市与农村，工业部门与农业部门之间的分工，就逐渐演变成世界城市与农村的分离与对立，演变成以先进技术为基础的工业国与以自然条件为基础的农业国之间的分工。这种国际分工格局可以称为垂直一体化模式的国际分工。

19世纪70年代到第二次世界大战以前，是国际分工发展的第三个阶段，也是国际分工体系的形成阶段。从19世纪70年代开始，在科学技术革命的影响下，世界工业生产和世界贸易量成倍地增长，铁路、轮船、电报等交通运输和电讯工具的发展十分迅速。此外，随着自由资本主义向帝国主义的过渡，资本输出取代商品输出而占据了统治地位。发达国家通过资本输出，把资本主义生产日益扩大地移植到亚洲、非洲和拉丁美洲，从而使资本主义国际分工的主要形式，即宗主国与殖民地半殖民地之间、工业发达国家与初级产品生产国之间的分工日益加深。①

第二次世界大战后，尤其是20世纪80年代以来，是国际分工发展的第四个阶段，国际分工进一步向纵深和广度方面发展，传统的国际分工正在演变成为世界性的分工格局。其主要特点是：

1. 国际分工的内容发生变化

国际分工从传统的以自然资源为基础的分工逐步发展成为以现代工艺、技术为基础的分工；从产业各部门间的分工发展到各个产业

---

① 《世界经济百科全书》，中国大百科全书出版社1987年版，第212—214页。

部门内部的分工,发展到以产品专业化为基础的分工;从沿着产品界限所进行的分工发展到沿着生产要素界限所进行的分工;从生产领域分工向服务部门分工发展。

2. 国际分工的形成机制在变化

即由市场自发力量所决定的分工,向由企业主要是跨国公司所经营的分工和由地区经贸集团成员内所组织的分工发展,出现了协议性分工。

3. 各国参与国际分工的形式与基础在改变

就国家之间的分工关系而言,发达国家间的分工从一般水平型的分工向高水平型的分工发展;发达国家与发展中国家间分工从垂直型的分工走向初级水平型的国际分工,部分发展中国家尤其是新兴市场国家参与了较高水平型的国际分工。

4. 出现了世界性的分工

其表现如下:第一,世界各国均囊括在国际分工的体系中。第二,这种国际分工体系是以市场经济为基础。第三,水平型分工成为国际分工的主要形式,其内容为产品型号的分工,产品零部件的分工和产品工艺流程的分工。第四,形成了世界性的生产网络,如福特牌伊斯柯特型(Escort)汽车的零部件在世界各地制造,其中美国生产EGR 阀、车轮螺母、液压推杆;瑞士生产速度计档;挪威生产排气管固定装置、轮胎;意大利生产汽缸盖、除霜器护栅;丹麦生产风扇皮带;西班牙生产电线固定夹、蓄电池;日本生产发动机;加拿大生产玻璃、收音机;法国生产交流发电机、汽缸盖、主汽缸;瑞典生产软管钳、汽缸螺栓;英国生产汽化器、离合器、点火装置、排气装置油泵;荷兰生产涂料、机件;德国生产活塞、筋轮盘、速度计、燃料箱、后轮轴;比利时生产坐垫;奥地利生产水箱、加热器软管等等。第五,世界性的国际分工使世界各国成为世界生产环节的一部分,成为世界商品价值链中的一个环节,有利于世界各国充分发挥优势,节约社会劳动,使生产要素达到合理配置,提高经济效益,促进世界经济的发展。①

国际分工对国际贸易的产生发展及其演变具有十分重要的作用。众所周知,社会分工和私有制的出现是产生商品交换的两大前提条件,与此相应,国际分工和国家的形成则是国际贸易发生的两大前提条件。正是在国际分工的格局当中,国际贸易才得以生成和发展。因此,国际分工和国际贸易之间是一种相互交织、相互融合、密不可分的共生关系。国际分工的发展决定了国际贸易的深度、广度和速度,而国际贸易又反作用于国际分工,影响着国际分工的深化和进一步发展。具体地说,国际分工对国际贸易的作用可以表现在以下五个方面:

第一,国际分工影响国际贸易的发展速度。国际贸易的发展与国际分工的发展是同向的,即在国际分工发展较快的时期,国际贸易一般发展也较快;相反,在国际分工发展缓慢时期,国际贸易发展也较慢,甚至处于停滞状态。在资本主义自由竞争时期,由于以英国为中心的国际分工的形成与发展,国际贸易迅速地增长,其增长速度超过了世界生产的增长速度。从 1800—1913 年,世界人均生产每 10 年增长率为 7.3%,而世界人均贸易额每 10 年增长率为 33%。第二次世界大战后,随着国际分工的深化发展,国际贸易的增长率超过了世界生产的增长率。

第二,国际分工影响国际贸易的市场结构。国际贸易的市场结构是指国际市场上商品和劳务的进口来源地和出口输往地,它表明国际贸易商品和劳务的总流向及各贸易国在国际市场上的地位。国际分工通过制约各国的对外贸易地理方向和国际贸易地区分布而影响国际贸易市场结构。一国的对外贸易地理方向与其同其他国家的分工程度有关,国际贸易的总流向与国际分工的形式、深度及广度有

---

① 薛荣久、赵春明等编著:《国际贸易理论与实务》,北京师范大学出版社 1999 年版,第8—9页。

关。19 世纪,与殖民主义宗主国和殖民地落后国家之间的垂直式分工相应的国际贸易关系主要是宗主国与殖民地落后国家之间的贸易。第二次世界大战后,随着国际分工由垂直型向水平型转变,发达资本主义国家间的贸易占据了主要地位,而发达资本主义国家与发展中国家的贸易退居次要地位。各贸易国在国际市场上的地位则与其在国际分工中所处的地位有关。一般在国际分工中处于中心地位的国家,在国际贸易中也占据主要地位。从 18 世纪到 19 世纪末,英国一直处于国际分工的中心,它在资本主义对外贸易中一直独占鳌头。19 世纪末以来,发达资本主义国家成为国际分工的中心国家,他们在国际贸易中也一直居于支配地位。

第三,国际分工影响国际贸易的商品结构。国际贸易商品结构即各类商品在国际贸易中的构成及其在总的商品贸易中所占的比重。由于国际分工发展的作用,国际贸易商品结构不断地发生变化。尤其是第二次世界大战后,国际分工的深化发展,使国际贸易商品结构发生了显著的变化:随着水平式国际分工的发展,在国际贸易中工业制成品所占比重超过了初级产品所占比重;随着发达国家与发展中国家分工形式的变化,发展中国家出口中的工业制成品不断增加;随着国际分工的深化和跨国公司在国际分工中的地位和作用的加强,产业内贸易、中间性机械产品贸易比重不断提高,服务贸易发展也非常迅速。

第四,国际分工影响国际贸易的利益分配。国际分工可使分工参与国扬长避短,并有利于世界资源的合理配置,节约社会劳动,提高世界生产力。但由于国际分工的形成与发展是在资本主义生产方式内进行的,一方面,它代表了生产力发展的进步过程;另一方面,也体现了资本主义社会的生产关系。传统的国际分工虽然在殖民主义国家间的分工比较平等,但在殖民主义国家与殖民地、半殖民地、落后国家之间的分工却是不平等的中心与外围的关系。前者控制,后者被控制；前者剥削，后者被剥削。这种不平等的分工决定了殖民主义国家与殖民地、半殖民地、落后国家的不平等的贸易关系。第二次世界大战后，随着发展中国家政治上的独立和民族工业的发展，发展中国家在国际分工中的地位有所改善，贸易利益也随之增加。

第五，国际分工影响一国对外贸易依存度和世界贸易依存度。对外贸易依存度也称对外贸易系数，指的是一国对外贸易总额在该国国民生产总值中所占的比重。世界贸易依存度又称世界贸易系数，指国际贸易值在世界总产值中所占的比重。一国经济对于对外贸易的依赖程度、世界经济对于国际贸易的依赖程度与国际分工有很大关系。国际分工的发展，使各国对外贸易依存度和世界贸易依存度都有了很大的提高。①

二、国际分工理论的发展

国际分工理论研究的发展大致经历了从产业间分工到产业内分工进而演进到产品内分工这样三个发展阶段：第一个发展阶段是在严格假定的完全竞争市场结构下，由生产要素结构和相对价格差异的静态比较优势决定的产业间国际分工，现实世界中呈现出来的则是主要以生产初级产品为主的发展中国家与以生产工业制成品为主的发达国家之间的分工与贸易体系；第二个发展阶段在不完全竞争的市场结构下，主要是由规模经济派生的动态比较优势所决定的产业内国际分工，更多地表现为发达国家进行相同或相似的产品生产与贸易；第三个发展阶段是随着交通和信息通信技术的大发展，弱化了生产组织对地理空间集聚的要求，为生产过程在时间和空间上分解提供了可能性，在不完全竞争的市场结构下，由跨国公司全球生产网络布局和产品价值链片段化所催生出的产品内国际分工新形式。

---

① 陈宪、韦金鸾、应诚敏、陈晨：《国际贸易——原理·政策·实务》，立信会计出版社1998年版，第49—51页。

前两个发展阶段是以最终产品的生产和交换为分工对象的分工形式,对应着产品之间的贸易,第三个发展阶段是以相同产品不同工序、不同增值环节为分工对象的分工形式,所对应的主要是中间投入品、零部件等产品内的贸易。[①]

国际分工与贸易的产生是基于各国都能从国际经济合作中获得应有的利益,这是全球分工与贸易体系产生和发展的基础。国际分工位次决定着国际贸易利益的分配以及贸易格局的变化,一国或地区在国际分工中的地位直接决定着该国在对外贸易中获取利益的多寡。自从国际分工与贸易理论产生以来,贸易利益问题的研究一直是国际分工和贸易理论研究的核心。国际分工理论与分工现实经历了不断的演化发展,贸易利益分配问题日益复杂,不同国家看待贸易利益的角度存在差异,不同视角下的贸易利益争端此起彼伏。

第二节 产业间分工与贸易利益分配

在产业间分工阶段,生产和贸易的模式表现为"国内生产+商品出口",一国坚信参与国际贸易能够带来贸易利益改善的理论依据主要是比较优势论。比较优势论依照"两利相权取其重,两弊相权取其轻"的理论精髓,指出各国如果按照自身的比较优势要素,生产并出口较多地利用本国充裕要素的商品,进口较多地利用本国稀缺要素生产的商品,两国利用这种专业化分工生产能带来世界福利水平的提高,可以获得比不参加国际贸易更多的利益。国家间的贸易利益源于生产要素禀赋的国际差异孕育而成。

15 世纪末期的地理大发现扩大了世界市场和原料产地,开启了人类历史上真正大规模分工和贸易的进程。当时还未发生产业革

---

① 胡昭玲:《产品内国际分工对中国工业生产率的影响分析》,《中国工业经济》2007年第 7 期。

命,自然经济占统治地位。地理大发现为近代国际分工提供了地理条件和市场条件,促使西欧国家的个体手工业向工场手工业过渡,这在一定程度上推动了世界市场的形成与发展。从地理大发现开始至第二次世界大战后资本主义重建阶段,各个国家利用自身具有优势的资源禀赋以及有利的生产条件,建立起了各自的优势产业。这一阶段占据世界主导地位的分工和贸易类型基本上是产业间分工与贸易,产业间分工是建立在比较优势论和要素禀赋论基础上的。它是最初的、最传统的国际生产分工形式,产生于生产力发展水平和分工专业化水平较低的社会背景下。国与国之间在要素禀赋方面的差异导致要素价格存在差异,要素价格差异又影响到产品生产成本的差异,生产成本的不同带来了交易价格的差异。产品价格差异是国际贸易产生的根本原因和推动力量。另外,消费偏好方面的差异也是国际贸易开展的另一个重要原因,开展贸易的目的主要有两个:一是从产品价格差异中获得收益;二是满足人们多样化的消费需求。

产业间分工与贸易理论以完全竞争和规模报酬不变作为研究假定,以李嘉图模型、赫克歇尔—俄林模型、特定要素模型等传统贸易理论为理论基础。产业间分工理论认为要素禀赋优势、技术优势等比较优势决定了国际分工和贸易模式,一个国家只要根据自身的要素禀赋优势和有利的生产条件参加国际分工与贸易,就可以获得比自己生产时更多的贸易利益。这种分工主要发生在要素禀赋比例不同的国家之间,但对于利益如何在不同的贸易参与方之间的分配,各种贸易理论流派则显得语焉不详。

一、重商主义的贸易利益观

最早关于贸易利益如何在贸易参与国之间分配的理论要追溯到17、18 世纪,欧洲国家的重商主义(mercantilism)经济哲学。15 世纪,资本逐渐渗透到社会经济生活的各个领域,社会财富的重心和衡量标准从土地转向了金银货币,交换的目的从互通有无变成了财富积累。当时积累财富的主要手段是获取金银,如果本国没有黄金资源可供开采则对外贸易或掠夺就成为获取黄金的主要途径。15世纪末16世纪初的地理大发现以及随后两个多世纪的殖民扩张为西欧通过贸易或掠夺黄金提供了机会,重商主义应运而生。

重商主义理论是最早出现的体系相对完善的贸易理论,但它对贸易利益分配缺乏系统和完善的表述,其理论思想散落在不同学者的著作中。重商主义理论首开先河,将对外贸易产生的原因和对外贸易获益纳入一国经济政策的研究体系中,这一做法对后来贸易利益的研究产生了深远影响。依据重商主义理论的中心是货币差额论还是贸易差额论,可以将它分为早期和晚期两个发展阶段。

早期重商主义理论的代表人物是约翰·海尔斯(John Hales)和威廉·斯塔福(William Stafford)。斯塔福提出:"我们必须时刻注意,从别人那里买进的不超过我们出售给他们的。否则,我们自己将陷于穷困,而他们则日益富足。"①顺差流入的金银应该窖藏起来,这样通过贸易获得的金银的增加可以使国家财力增强。他们认为:金银等贵金属是衡量一国财富多寡的唯一标准,国家从事一切经济活动和推行某些经济政策的目的就是为了获取金银,国内商品流通不能增加货币数量。除了开采金银矿以外,另一条获得货币财富的渠道就是对外贸易。对外贸易是货币财富的真正来源,对外贸易顺差能增加财富。早期重商主义者主张国家采取行政手段,禁止金银外流,必须对每一个国家贸易保持顺差,以保证金银流入本国。

晚期重商主义的代表人物是托马斯·曼(Thomas Mun)。他在1630年完成了《英国得自对外贸易的财富》书稿。在他死后,由他的儿子在1664年出版。马克思称该书"在100年之内,一直是重商主

---

① 罗尔:《经济思想史》,商务印书馆1981年版,第72页。

义的福音书。因此,如果说重商主义具有一部划时代的著作,那么这就是托马斯·曼的著作"。① 托马斯·曼认为对外贸易有利可图,把货币投入对外贸易中,争取出超,就可以带来更多货币,使英国致富。他的观点反映了英国资本原始积累时期商业资本的利益和要求,突出了对外贸易能够带来的财富效应。他将对外贸易利益分解为国家利益、国王利益和商人利益三类。在书中,他指出,在国际贸易中,国家利益和商人利益均可在对方利益损失的情况下获得,而国王的利益可以在前两者利益都损失的情况下获得。托马斯·曼对贸易利益集团的分类和见解使贸易利益的分析更加全面和深刻。国际贸易能产生许多额外的利益,包括直接利益和间接利益,诸如"国王的大量收入、国家的荣誉、商人的高尚职业、我们技艺的学校、我们需要的供应、我们贫民的就业机会、我们土地的改进、我们海员的培养、我们王国的城镇、我们的财富的来源、我们战争的命脉、我们的敌人所怕的对象"。② 他认为国际贸易是解决许多问题的良方,对国际贸易利益的重视到了无以复加的程度。

(一)贸易利益来源

早期重商主义者和晚期重商主义者都认为:贸易利益来源于鼓励商品输出和限制商品输入,通过增加金银货币流入来获得财富。国内贸易只使得货币财富在国内各相关利害关系人之间发生分配关系的变化,财富总量并不会因为国内贸易而增加;国际贸易则通过多卖少买,甚至只卖不买的方式,能将国外财富转移到国内,增加一国的财富总量。因此,一国的贸易利益来源于国际贸易中的顺差和金属货币的获得。

(二)贸易利益分配主体

重商主义肇始于欧洲封建王权强化的 15 世纪,封建王权与商人

---

① 《马克思恩格斯全集》第 26 卷,人民出版社 2014 年版,第 395 页。
② 托马斯·曼:《英国得自对外贸易的财富》,商务印书馆 1959 年版,第 89 页。

在对外经济扩张中结成战略联盟,双方形成贸易利益共同体,因而利益分配主体主要是封建政权和商人。以英国的都铎王朝为例:英国政府通过颁发特许状给特定的贸易公司,允许他们垄断某些特定地区的贸易,贸易商通过垄断贸易价格迅速积累财富,政府通过征收关税、特定贸易公司参股的方式来参与国际贸易利益的分配。政府在经济困难时期,经常通过向富裕商人借款渡过难关。商人与世俗政权成为贸易利益的分配主体,形成了商人与世俗政权共同分享贸易利益的分配格局。

(三)贸易利益分配机制

重商主义对于贸易利益来源及分配认识出现偏差,他们认为国际贸易是一场零和博弈,一方的贸易所得必然是另一方的贸易所失。重商主义对国际贸易利益单向的攫取论,可仅在两种情形下可以维持下去:一是信息不对称,政策效应不显著。也就是说,一国实施重商主义政策时,贸易伙伴国并没有意识到贸易入超会导致货币财富的流失,从而不断地购买商品,买的远比卖的多。二是商品交换很不发达,贸易伙伴国能够源源不断地开采金银,贵金属的数量足够用来充当购买出口国的商品所需的交易媒介。因此,重商主义者主张国家干预经济生活,采取措施发展对外贸易,以保证贸易的出超和金银进口。重商主义以邻为壑的贸易顺差政策和贸易利益观念阻碍了国际贸易理论和实践的发展。

同一时期的法国同样处于重商轻农的重商主义氛围,谷物价格低落,农民收入被剥夺,乡村荒芜萧条,民生凋敝,社会经济状况每况愈下,对外贸易被禁止。法国古典政治经济学的创始人、重农学派代表弗朗斯瓦·魁奈(Francois Quesnay)认清了重商主义对法国社会经济生活造成了极其严重的危害,反对重商主义对贸易进行干预的政策,指出只有农业才是财富的唯一源泉,主张经济自由化,推广资本主义农业经营方式,重视谷物出口,力主实行重农主义政策。他指出："一切利益的本源是农业,正是农业供给原材料,给君主和土地所有者以收入,发展商业,增加人口,从而维持国家的繁荣。"魁奈重新解释了财富和货币的本质及作用,并指出货币只是一种交换的工具和流通媒介,而不是财富本身。在他看来,国际贸易顺差只是一种表面利益,人们决不能被这种表面利益所迷惑。① 参与国际贸易的一方得到商品,另一方得到货币,货币的多少根本无法衡量双方各自贸易利益的大小。衡量国际贸易实际利益的多寡取决于商品买卖过程中所获利润的大小。很显然,魁奈的这一观点在今天看起来都颇有道理。

重商主义者认为衡量一国财富多寡的唯一标准是拥有金银货币量的多少,这实际上是片面、含糊地理解贸易利益。由于重商主义者秉持错误的财富观,因此他们得出的结论是:国际贸易是一种零和游戏,一方的贸易顺差意味着贸易伙伴方逆差,顺差方贸易利得就是逆差方贸易损失。正是基于这样一种认识,因此他们鼓吹经济民族主义,认为贸易伙伴之间存在着根本的利益冲突,无法同时从国际贸易中受益。

二、古典贸易理论的利益观

随着资本主义的发展,新兴资产阶级在经济上的利益诉求日益强烈,他们利用经济实力影响社会思想,古典经济学因此兴起。在批判重商主义错误的财富观的基础上,他们创建了一套贸易利益分配思想来反映贸易利益诉求。

(一)贸易利益来源

古典贸易理论认为专业化生产能带来生产效率的提高,并通过交换强化技术优势来获得贸易利益。英国古典经济学家亚当·斯密

---

① 姚贤镐、漆长华:《国际贸易学说》,中国对外经济贸易出版社 1990 年版,第 39 页。

(Adam Smith)首开先河,用"2×2×1"模型论证了国际贸易是"正和游戏"而非"零和游戏"。1776 年,亚当·斯密著作《国民财富的性质和原因的研究》(简称《国富论》)出版,书中贯穿始终的自由贸易思想成为对重商主义最经典的反驳。他提出了绝对优势(absolute advantage)理论来解释国际贸易产生的基础。斯密认为,自由经济条件下,贸易参与双方按照各自的绝对优势进行生产分工并交换,就可以从中获得贸易利益。在《国富论》中,他以别针的生产为例形象地论述了国际分工为何能带来利益:"第一,劳动者的技巧因业专而日进;第二,由一种工作转到另一种工作,通常会损失不少时间,有了分工,就可以免除这种损失;第三,许多简化劳动和缩减劳动的机械的发明,使一个人能够做许多人的工作。"①由此可见,分工可以大大提高劳动生产力和劳动效率。

亚当·斯密认为,国际贸易通过拓展市场,可以将国内分工延伸到国际分工。这将会深化专业化程度,提高劳动生产率,最终促进实际财富增加。增加的产出意味着分工及贸易带来的利益,适当地加以分配可以使两国都受益。但是互惠贸易的前提基础是两国都必须有在生产成本上占据绝对优势的产业部门。

然而国际贸易的现实却是,一些落后国家的所有生产部门与贸易伙伴国相比都处于绝对劣势,但仍然主动参与国际分工和贸易。绝对优势理论无法解释绝对先进和绝对落后国家之间的贸易,这是其固有的理论局限性。

后继者大卫·李嘉图(David Ricard)科学地继承和发展了斯密的绝对优势理论,对它做了一些合理的修正,提出了对贸易现实更具解释力的比较优势理论。李嘉图从比较优势的角度分析了贸易利益的产生。他认为,贸易利益来源于商品国内外交换价格的差异,贸易

---

① 亚当·斯密:《国民财富的性质和原因的研究》(下卷),商务印书馆 1972 年版,第 8 页。

利益体现在贸易前后两国消费品数量的增加上。"随着贸易与工业的进一步发展，所有周边国家就不可能陷入无知、懒惰与未开化的状态中，贸易的示范效应，可以促进周边国家的改革与进步"。①

（二）贸易利益分配主体

古典贸易理论认为贸易受益最大的主体是消费者，国际贸易缩小了国内外价格差异，消费者能以同样的货币购买更多的商品，福利水平提高；"如果一件东西在购买时所费的代价比在家内生产时所费的要小，就永远不会想在家内生产，这是每一个精明的家长都知道的格言。裁缝不想制作自己的鞋子，而向鞋匠购买。在每一个私人家庭的行为中是精明的事情，在一个大国的行为中就很少是荒唐的了。如果外国能以比我们自己制造还便宜的商品供应我们，我们最好就用我们有优势的产业生产出来的物品的一部分向他们购买。"②其次是生产者，分工提高了劳动生产率，在单位时间里可以生产出更多的产品，如果工资水平不变的情况下，生产厂商能获得更多的利润；贸易规模扩大增加了对劳动力的需求，劳动者可以通过多提供劳动获得更多的收入；贸易商从国际贸易中获益；国家通过财政税收手段增加政府收入，还可以通过经济或非经济的手段将生产者、消费者和商人利益转化为国家利益。国家获得的贸易利益并不仅仅局限于经济形式，还包括生产与贸易的模仿效应，这些效应可以用来促进国内经济社会繁荣，完善内在机制，增进国家文明，增强外在力量。

（三）贸易利益分配机制

斯密的绝对优势贸易理论强调了贸易双方利益的共享性，一国生产并出口本国具有绝对优势的产品，进口本国具有绝对劣势的产

---

① David Hume, *Writings on Economie*, Thomas Nelson and Sons, 1970, p. 62.

② 亚当·斯密：《国民财富的性质和原因的研究》（下卷），商务印书馆 1972 年版，第28 页。

品,遵循绝对优势贸易模式,自愿开展贸易的双方都能够从中获得利益。亚当·斯密的绝对优势理论解释和论证了国际贸易可以实现"双赢",贸易双方可以优化资源配置。

但是,绝对优势理论暗含的一个前提假定:任何贸易参与国都必须有自己在生产成本上占据绝对优势的产业部门,至少在一种产品的生产上居于领先地位,否则,绝对优势理论就难以为继。由于这一贸易假定条件严苛,不具有一般性,只能解释部分国际贸易现象。试想一个国家如果在所有产品生产上都处于绝对劣势,所有的生产部门都处于一种被剥夺的状态,还会有积极性来参与国际分工和贸易吗?对这个国家是不是还存在开展互惠贸易并从中获得利益的可能性,绝对优势理论并未作出解释。由于绝对优势理论本身存在局限性,弱化了它对贸易现实的解释力。

事实上,在斯密时代,由于英国率先进行了产业革命,英国绝大部分工业产品的生产成本远远低于德、法等近邻,但英国始终保持一些产品的进口,这是绝对优势理论难以合理解释的。后继者李嘉图对绝对优势理论进行了一些修正和发展。

李嘉图用最简单的模型形式,揭示了国别差异如何产生国际贸易以及贸易所得。他认为一国生产并出口本国具有相对优势的产品,进口本国具有相对劣势的产品,遵循比较优势原则进行生产,自愿开展贸易的双方都能够从中获得利益。贸易利益源于产品生产和消费方面的优化配置。通过贸易,一国可以消费超过自身最大生产能力的产品。贸易利益的分配取决于两国产品的相对价格。与绝对优势理论相比,比较优势理论更深刻、更全面地揭示了国际贸易产生的原因不仅仅是绝对成本的差异,更普遍地在于比较成本的差异。比较成本差异使经济发展程度不同的国家都可以从参与国际分工与贸易中获得利益。比较优势理论因其严密的逻辑性,成为国际贸易理论的基石。萨缪尔森就曾赞叹说:"如果经济学理论能参加选美竞赛的话,比较优势论肯定会名列前茅,因为它具有无比优美的逻辑结构。"①

　　比较优势理论不仅使国际贸易拓展了更大的生存空间,而且拓宽了贸易的互利性,即只要按照比较优势原则参与分工,一国无论是进口还是出口都能获得贸易利益。它在更具普遍意义的基础上解释了贸易产生的基础和贸易利得,把对国际贸易的研究彻底地从流通领域转到了生产领域。但是,比较优势理论的局限性在于只阐释了贸易参与国按照比较优势的原则参与国际分工与国际贸易就能够获得利益,但是贸易利益具体大小及双方各自获利比例的多少两个问题没有得到解决;对于贸易利益的分析也仅限于短期静态利益分析,对长期动态的利益分析缺乏研究。

　　对贸易利益如何在贸易伙伴之间分配进行比较深入研究的是英国著名经济学家约翰·穆勒(John Stuart Mill)。1848 年,约翰·穆勒出版了名扬于世的经济学著作——《政治经济学原理》。在书中,穆勒对李嘉图的比较优势理论做了发展和补充,提出了国际价值理论,即国际间商品交换比率,以解释两国间贸易利益是如何分配的。穆勒认为,两国商品交换比率取决于贸易双方对对方国家商品的相对需求强度,需求强度的大小决定着国际贸易条件,进而决定了贸易利益在双方间的分割。相互需求理论较好地解释了贸易双方在利益分配中各占多少的问题。穆勒认为贸易利益可以分为直接利益和间接利益。直接利益是贸易国可以通过贸易获得本国受自然条件限制不能生产的某些商品,另一方面由于市场的扩大,可以充分利用世界生产力,提高劳动生产率。间接利益可以分为间接经济利益和间接社会利益两大类。间接经济利益则表现为:第一,先进技术和机器广阔的使用前景刺激了技术的发明和改良;第二,市场的扩大,使分工

---

① 萨缪尔森:《经济学》(下册),商务印书馆 1982 年版,第 55 页。

更精细,刺激了生产积极性;第三,先进国家的工业品普及到落后国家,引致新的产业革命。间接社会利益表现为:第一,加强不同民族间思想和行为方法的学习和交流;第二,相互学习对方国家的先进思想和经验,促进本民族财富的增长和进步;第三,通过增加个人利益,促进世界和平。穆勒提出相互需求理论来对贸易利益如何在参与国之间进行分配的问题进行阐释。

穆勒的相互需求理论,是在李嘉图的比较优势原理的基础上又前进了一步,是比较成本论的重要补充和完善,他明确提出决定贸易条件和贸易利益大小的因素。他第一次从需求的角度说明一国贸易利益的大小取决于两国国内商品的交换比例关系,贸易利益的分配则取决于具体的国际交换比例。在两国互惠贸易范围之内,国际商品交换比例与国内交换比例越接近,则对本国越不利,本国从国际贸易中分得的贸易利益就越少;反之,国际商品交换比例与对方国家国内交换比例越接近,对本国越有利,本国从国际贸易中分得的贸易利益就越多。另外,一国对对方国家商品的需求越强烈,则贸易条件对该国越不利,获得的贸易利益越小;反之,则贸易条件对该国越有利,贸易获利也越大。穆勒用两国商品交换比例的上下限来解释互利贸易的范围,用贸易条件具体说明利益在双方的分配,用相互需求强度来解释贸易条件的变动。

穆勒的相互需求理论是对比较优势学说的补充,使得比较优势学说成为更加完善的理论。穆勒对贸易利益的论述比较全面,但缺陷也非常明显,他把需求作为决定商品价值的唯一因素,而忽视了社会必要劳动时间才是商品价值的主要决定因素。穆勒仅仅是从需求这一方面进行研究,而不是结合需求和供给两方面进行研究,对于贸易利益的分配问题还不能科学严密地论证。

英国经济学家阿尔弗雷德·马歇尔(Alfred Marshall)在1879年出版的《国际贸易纯理论》书中,首先以几何曲线阐释穆勒的相互需求学说,使这一学说"精密化"。1890 年马歇尔发表了《经济学原理》一书,在述及贸易利益的分配上,提出了消费者剩余和马歇尔——勒纳条件。

18 世纪后期到 19 世纪中期处于资本主义自由竞争时期,西欧国家相继完成了产业革命,美国也紧随其后。当时的美国、德国等国家在工业上与老牌的资本主义国家英法等相比还处于落后地位。他们竭力主张实施贸易保护政策。这一时期贸易保护政策理论方面的主要代表是美国的汉密尔顿和德国的李斯特。

亚历山大·汉密尔顿(Alexander Hamilton)是美国开国元勋、政治家、金融家、美国独立后的首任财政部部长。南北战争后,美国经济凋敝,工业发展十分落后。北方工业资产阶级为了使本国产业获得竞争力遂要求政府实行贸易保护政策,遭到南方种植园主的强烈反对。工业资产阶级利益的代表者汉密尔顿,在 1791 年向国会提交了著名的《关于制造业的报告》。他在报告中指出:正是由于私人企业和州政府的保护税,一些制造业比如制钉、造船、制鞋、钢铁业在美国才得以兴旺起来。汉密尔顿建议政府应吸引商人投资制造业以及保护"幼稚产业"(Infant Industries),禁止进口对国内产品构成竞争威胁的制成品,禁止出口原材料,检查制成品以确保高质量,鼓励发明创造等等。这份报告反映了美国制造业主为了加速资本主义发展,防止外来进口商品竞争,要求政府在市场和劳动力方面提供保护。在报告中,他论证了美国发展制造业的必要性并指出建立制造业可以为美国带来许许多多的长远利益,如增加就业、促进分工、扩大移民,为企业发展提供空间等。他阐述了保护和发展美国制造业的必要性和有利条件,并提出了关于实施国家干预的一系列政策措施。经济学上将汉密尔顿的思想称为制造业保护理论。

德国经济学家李斯特(Friedrich List)不赞同英国古典学派倡导的自由放任的经济理论,认为自由贸易理论忽视了国家利益,会使落后国家陷入灾难之中。他认为不同国家所处的经济发展阶段不一，在国际贸易中存在着利益冲突。落后国家处于经济发展较低阶段，有其特殊国情和特殊利益要求，应该在特殊经济发展阶段对部分经济领域实行贸易保护。贸易保护政策是发展中国家实现工业化的唯一选择。贸易保护政策的目标之一是纠正国际贸易中由于制成品与初级产品的需求弹性不同而产生的一系列不平等因素，缩小这两者之间的收入需求差异，因而并不会妨碍世界贸易的增长速度。自由贸易政策有利于各国经济发展是有条件的，"要在彼此自由竞争下对双方都有利，只有当两者在工业发展上处于大体相等的地位时才能实现"。① 必须从各国不同的经济发展水平和国情出发，采取强有力的干预措施以保护其经济利益。在与自由贸易的论战中，逐步形成了贸易保护理论思想。经济学上称李斯特的经济主张为幼稚工业保护论。

李斯特的政治奋斗目标是推动德国经济统一，这决定了他的经济学是服务于国家利益和社会利益的统一。李斯特的经济主张与亚当·斯密的自由主义经济学相左，他认为国家对经济发展不应放任不管，而应该在经济生活中起到重要作用。其经济主张主要包括国家干预学说、国家主导工业化、贸易保护主义等等。他废除各邦关税，促成了德意志关税同盟，使德国经济获得统一，并对后来德国的统一产生了影响。李斯特将国际贸易利益分为长远利益和眼前利益，他着眼于长远利益的获取，"必须牺牲眼前利益，使将来的利益获得保障"②。

李斯特的政策主张不是采取一成不变的贸易保护政策，而是着眼于动态优化配置资源，考虑长远经济利益，根据经济发展的需要进行调整，对不同的部门实行不同的贸易政策。他认识到古典经济学

---

① 李斯特：《政治经济学的国民体系》，商务印书馆 1961 年版，第 116 页。
② 李斯特：《政治经济学的国民体系》，商务印书馆 1961 年版，第 128 页。

的自由贸易理论在德国尚不具备实践的基础，但从长期来说，在自由贸易条件下，各国能够加深分工并进行资源的优化组合，因此自由贸易是现代社会发展的总体趋势，而保护贸易的最终目的是为了不保护。不单纯考虑直接的贸易利益，而是将静态贸易利益与动态贸易利益（对国民经济和工业今后发展的影响）结合起来，考虑到贸易利益的分配以及贸易对各利益集团的收入分配的影响，从而制定相应的贸易政策。李斯特认识到国家贸易整体利益并不是个体收益的简单加总，提出必须对私人经济实行干预。国家必须参与贸易利益的公平分配，也只有通过国家参与才能实现公平分配，李斯特的国家干预经济理论对于贸易利益分配研究是一个重大的进步，对德国的经济和社会生活产生了深远的影响，促进了德国资本主义经济的发展。

三、新古典贸易理论的利益观

古典贸易理论建立在各国生产技术不变、世界上只有两个国家、只生产两种产品、只投入劳动一种要素、生产技术水平不变、没有交易成本等一系列严格的假定条件之上。在投入两种或两种以上要素的情况下，古典经济学分析方法不再奏效。第二次工业革命以后，金融资产阶级形成，资本成为重要的生产投入要素，金融资本参与贸易利益分配，反映其经济利益诉求的新古典经济学开始兴起。

（一）贸易利益来源

新古典贸易理论提出贸易利益来源于生产和消费两个方面。从生产方面来看，贸易利益源自国际价格与国内价格的差异，国家间商品价格的差异形成了国际贸易的套利空间。要素禀赋理论的创立者赫克歇尔和俄林认为：贸易的首要条件是有些商品在某一地区比在其他地区能够更便宜地生产出来。一个地区的出口商品含有相对大量的、比其他地区便宜的生产要素，而进口的是其他地区能更便宜地生产的产品。总之，进口的商品是更大比例地使用昂贵的生产要素生产出来的;出口的商品是更大比例地使用低廉生产要素生产出来的。即每个国家都以自己相对充裕的生产要素进行商品生产和交换,那么这个国家就会处于比较有利的地位。在市场需求和价格水平保持不变的假定条件下,生产者通过增加产量可以多获得利润。从消费方面来看,贸易能增加消费品种,满足消费者的多样化选择,降低商品价格,在收入水平不变的情况下,消费者的社会无差异曲线向外移动。贸易利益来源于消费者剩余和生产者剩余之和。国际贸易对经济的贡献应着眼于一国经济状况的变化,而不是用商品数量来测量国际贸易对经济发展的长期贡献,区际和国际贸易使参加者人人得益。各国按照自身充裕或者稀缺的生产要素进行分工,能最有效地利用生产要素,提高劳动生产率,降低价格、增加生产,通过自由贸易,各国均可获利。

（二）贸易利益主体

新古典贸易理论认为重要的贸易利益主体是出口国企业,通过贸易获得内部和外部规模效益;要素所有者通过要素投入来分享贸易利益,出口国要素所有者是贸易利益的最大受益者。如出口国资本所有者通过生产与出口规模的扩大来获得贸易利益,劳动力获得就业机会与收入;进口国消费者获得更多的消费选择。进口竞争商品的生产者和劳动者会受到一定的损失。国家通过税收间接参与贸易利益分配。在贸易主体的认识上,受自由主义影响以及认识程度制约,新古典理论尚未深入认识国家从贸易中获得利益。凯恩斯主义将国家从贸易中获得利益的认知达到极致。

（三）贸易利益分配机制

受自由主义影响以及认识程度的制约,新古典贸易理论未能就贸易利益分配深入展开研究。赫克歇尔—俄林理论从生产要素禀赋的角度分析了国际分工产生的原因,是对国际分工理论的进一步发展。要素禀赋的差异和稀缺性成为国际贸易的动因。新古典贸易利益分配结合不同的生产要素，在市场机制的作用下，通过价格的变化进行探讨。两位学者提出了"要素密集度"的概念，在假定两国需求相同时，由于两国要素禀赋的差异导致要素价格差异，生产机会成本便不相同，进而形成两国商品的套利空间。但是，赫克歇尔—俄林理论同样是建立在一系列严格的假定基础上，这影响了其理论的实用性，而且该理论忽视科技进步这一当今世界经济中的重要因素。在该理论的现实应用与验证过程中，出现了许多相反的情况，新古典贸易理论无法对此作出合理解释。

四、对产业间贸易利益认识的评价

产业间贸易理论分析了生产要素在国际间不能流动的情形下国际贸易形成与贸易利益的分配。虽然不同时代的经济理论对国际分工与贸易的认识存在差异，但在贸易利益分配上却具有三个共性：

第一，贸易对象都是最终产品，国际分工形式实际上就是按照产品来进行分工。发达国家与发展中国家之间的贸易形式主要是发达国家的制成品与发展中国家的初级产品之间的贸易。

第二，在要素投入不增加时，通过国际分工和贸易也能够增加世界总产出和各国福利。贸易利益分配表现为要素收入的分配。

第三，最终产品完全由出口国独立生产，出口国可以获得全部的贸易利益，不需要将其中的一部分利益分配给其他国家。

传统贸易理论充分肯定了分工和贸易能产生利益，认为通过市场机制的作用可以实现贸易利益的公平分配，从而达到社会福利最大化。这过分夸大了市场机制的作用。虽然在一定程度上传统贸易理论可以说明贸易利益在双方的分配问题，但对于贸易利益的来源仍无法正确解释，对贸易利益分配的计量问题仍含糊不清，这是西方古典贸易理论的共同缺陷。

传统贸易模型都假定市场结构是完全竞争的，这并不是一个贴近现实的假定,一方面,大量国际贸易是由跨国公司完成的,而这些公司间是以垄断竞争为主;另一方面,政府对贸易并非放任自由,而是实施了一定程度的干预,目的是帮助本国企业在国际市场竞争中占有一定的优势。所以,完全竞争的市场结构只能是一种理想的情况,在现实世界中并不存在,国际贸易的现实呼唤着新的更具解释力的分工与贸易理论诞生。

第三节　产业内分工与贸易利益分配

第二次世界大战以后,国际贸易出现了新现象:生产要素在国际间的流动更加便利,国际直接投资迅猛发展,贸易与投资一体化使得生产从国内转移到国外,发达国家之间相似制成品贸易越来越多,占据了相互之间贸易的绝大部分比重。发达国家资本展开了对发展中国家劳动力资源的配置整合,国际生产和分工模式演变成"要素流动+国外生产"的产业内分工模式,要素禀赋差异带来的贸易利益不再是利益的唯一源泉。发达国家间的产业内贸易形式逐渐取代了南北产业间贸易形式,而发达国家间的要素禀赋、技术水平并没有多大差别,这就很难用李嘉图模型、赫克歇尔—俄林模型或特定要素模型来解释。传统贸易理论与贸易现实渐行渐远,贸易现实呼唤着新的贸易理论诞生。

许多经济学家提出了新的国际贸易理论来解释产业内分工与贸易新现象。产业内分工是建立在不完全竞争和规模经济理论的基础上,以产业内分工为主的经济发展阶段,是以新贸易理论作为其理论基础的。尽管产业间分工和产业内分工这两种分工形式产生于不同的经济发展阶段,理论基础存在显著差异,但其研究的对象都是最终产品,并不考虑产品生产过程中发生的生产工序和生产环节存在国际分工的可能性、不考虑中间产品的跨国交易。产业内贸易建立在产品异质性、不完全竞争和规模报酬递增的假定前提，摒弃了传统贸易理论的完全竞争市场结构和规模报酬不变的研究假定，其立论点比产业间贸易更加符合各国经济发展实际。

一、新贸易理论的贸易利益观

（一）需求偏好相似理论的贸易利益观

瑞典经济学家斯戴芬·伯伦斯坦·林德（Staffan B. Linder）（1961）在《论贸易和转变》这一论文中提出了需求偏好相似理论，成为研究差异产品产业内贸易的起点。林德认为，本国的需求偏好决定了出口贸易结构、贸易流向及贸易量的大小，而需求偏好取决于该国的平均收入水平。当两国的人均收入水平越接近时，则两国国民相似需求的范围也就越大，贸易关系就可能越密切。林德的贸易理论从偏好相似和重叠需求的角度，对发达国家之间贸易的快速增长作出了较为合理的解释，经济学上称其贸易学说为"重叠需求论"。重叠需求论对于解释发达国家制造业内部的水平式产业内贸易具有特别的意义。

美国经济学家格鲁贝尔（H.G.Grubel）和劳埃德（Lloyd）（1975）合著了一本《产业内贸易》（Intra-Industry Trade Theory），系统地论述了当代国际贸易的产品结构主要有产业间贸易和产业内贸易两大类。从产品差异的角度进行分类，产业内贸易可以分为同质产品产业内贸易和异质产品产业内贸易，后者又可以进一步细分为水平型产业内贸易和垂直型产业内贸易两类。同质产品产业内贸易是指两国完全可以替代的商品之间的双向贸易，如由于季节因素影响的鲜花贸易。这类商品需求交叉弹性高，消费者偏好完全相同，同质产品贸易偶然且稀少；异质产品产业内贸易是指相似、不能完全相互替代的商品贸易。它的需求交叉弹性更小。对同质产品产业内贸易的解释源于格鲁贝尔和劳埃德。

（二）规模经济理论的贸易利益观

美国经济学家保罗·克鲁格曼（Paul Krugman）和赫尔普曼（Helpman Elhanan）面对不完全竞争的市场结构，引入产业组织理论和市场结构理论，运用规模报酬递增和产品差别等范畴来构筑新的贸易理论模型。他们分别在 1979 年、1980 年、1981 年、1983 年发表了一系列论文，通过假定消费者偏好产品的多样化，在不完全竞争市场结构下，只要产品具有水平差异且生产存在着规模经济，那么，即使技术水平和要素禀赋差异非常小的两个国家，也可能因为消费者需求偏好相似、规模经济效应或者产品的差异促使各国追求生产专业化，发生产业内贸易现象。各国贸易模式的确定取决于历史的或偶然的各种不确定因素。这种不确定性为政府干预提供了理论依据。克鲁格曼指出："政府对贸易的干预在某些条件下可能更符合国家利益。"在此基础上，进一步提出了战略性贸易政策，强调贸易保护。

产业内贸易理论揭示了在规模经济和垄断竞争的市场结构条件下，任何国家都不可能穷尽一个行业领域内的全部生产，这样国际分工和贸易的产生成为必然。规模经济效应使得一国可以凭借规模大的优势形成竞争力，获取贸易利益。规模收益递增意味着，即使是经济情形相似的两个国家也可以从贸易中获得利益，这种新型的贸易利益可以区别于任何利益而独立存在。当贸易双方规模完全不等时，大国能够获得更多的规模收益递增的利益。规模经济学说揭示了规模收益递增是贸易利益的又一重要来源。它较好地解释了发达国家之间工业产品为什么会出现大量"双向贸易"的现实，从厂商角度研究了不同市场竞争机制下贸易利益的产生和分配机理。以产业内贸易理论为标志的新贸易理论与传统国际贸易理论相得益彰，为国际贸易新现象提供了更加完善的解释与论证。

因此，我们可以认为：产业内贸易的基础是产品的异质性；需求偏好相似性和多样性是产业内贸易产生的动因；规模收益递增是产业内贸易的主要利益来源。产业内贸易可以给生产者与消费者带来诸多利益。生产者利益主要来源于需求市场的扩大带来的收入增加，而消费者的利益主要来源于可供选择的商品数量增加。两国生产者和消费者所得的总利益比贸易前有所增加。而且，如果两国消费者的需求偏好重叠越大，则通过产业贸易所得到的利益就越大，这是产业内贸易的静态利益。另外，产业内贸易的动态利益在于：首先，产业内专业化可以延长产品的生命周期，产业内贸易还可以使生产者专业化水平提高，市场扩大，获得规模经济收益；其次，产业内贸易可以刺激产品技术革新，刺激厂商增加产品花式品种（即水平差异产品），创造新的替代产品（即技术差异产品和垂直差异产品）；再次，产业内贸易调整引起的摩擦比产业间贸易小，因此，会带来更大的社会效益；最后，从收入分配来看，由于同一产业的要素投入密集度相似，产业内专业化带来的收入再分配影响小于产业间专业化，稀缺要素所有者实际收入不仅不会受损，而且还会有所提高。

（三）协议性分工理论的贸易利益观

日本小岛清教授认为以比较优势和要素禀赋为基础的国际分工，可能导致各国企业的垄断，进而影响内部分工的和谐发展和贸易的稳定。为充分实现规模经济的好处，小岛清提出在经济共同体内实行协议性国际分工。他认为，对于生产具有规模经济的商品，完全可以通过建立各国政府协商机制确立国际分工，更有效地实现国家之间资源的优化配置，发展国际贸易，增加贸易利益。在协议性国际分工中，两个国家必须达成互相提供市场的协议。达成协议条件如下：第一，必须是两个国家要素禀赋相近，且发展阶段大致相同；第二，产品必须能够获得规模经济；第三，生产产品的国家选择无差别。①

---

① 郭炳南：《中国参与国际生产分割的经济效应研究》，上海交通大学出版社 2013 年版，第 19 页。

（四）竞争优势理论的贸易利益观

美国哈佛大学著名教授迈克尔·波特（Michael E.Porter）提出了建立在以竞争优势为出发点上的国际分工和产业政策理论。与比较优势理论相比，竞争优势理论更具有战略眼光，更接近当代国际贸易的现实，因而也成为研究国际分工的又一重要理论。他指出有比较优势的国家不一定具有竞争优势。竞争优势形成的主要根源在于这个国家的主导产业是否具有竞争优势，而主导产业是否具有优势又在于企业的创新机制带来的生产效率的提升。一个国家的竞争优势源于行业、企业的竞争优势，也就是生产力发展水平高低的优势。与比较优势注重财富的获得相比，竞争优势更注重财富生产能力的获得。竞争优势除了考虑贸易利益外，更注重国家的生活水准和生产力的提升，使国家在国际市场上获得更多的垄断利润。竞争优势理论强调全面提升本国的产业竞争力，以本国具有竞争优势的产品来参与国际竞争，从而可以分享更多的国际贸易利益。

二、对产业内贸易利益认识的评价

产业内贸易理论说明了需求因素和供给因素一样，是制约国际贸易的重要因素，这实际上是将比较优势理论中的贸易利益等于国家利益的隐含假设转化为供给者与需求者均可受益的假设，视规模经济利益为产业内贸易利益的来源。产业内贸易理论从产品需求、产品差异、规模经济等角度对国际贸易进行了考察，这一理论是对比较理论的补充和发展。其创新之处在于：

第一，揭示了以往静态比较优势理论所掩盖和忽视的问题。传统的比较优势理论，特别是要素禀赋理论，强调的是贸易的互利性。产业内贸易理论认为，一国利用规模经济借助垄断竞争的力量，占据较大的市场份额可以从中获得贸易利益。规模收益递增是贸易利益的又一个重要来源之一，并且这种规模经济利益不会随着国际贸易的发展而转移。

第二，将产业组织理论引入产业内贸易理论，推动了新贸易理论的发展。产业内贸易理论中所指的规模经济优势，指的不是一国产业规模，而是指企业规模。通过作为国际贸易主体的企业来创造出口优势，成为分析研究国际贸易竞争条件的新角度。

产业内贸易理论的不足之处也非常明显，主要在于该理论基本上是静态分析。

首先，在论述产品差异性时，指的是最终产品在质量和性能上的差异，忽视了由于生产的国际化、产业内专业化分工的发展，越来越多的中间产品参与国际贸易，促进了产业内贸易的发展。

其次，对规模经济优势的作用边界，产业内贸易理论没有提及。这影响了理论的严谨性和科学性。

以上研究或多或少地触及产品内分工对国家间贸易利益分配的影响，遗憾的是，研究仅针对就业、工资等具体方面，尚未能系统论证国家间贸易利益如何分配的问题，实证研究更是缺失。

第四节　产品内分工与贸易利益分配

一、产品内分工理论的贸易利益观

（一）产品内分工现象出现的经济基础

20 世纪 80 年代以来，随着现代科技的发展，产品技术标准化的实现，再加上现代交通、通信的便利化，生产工序技术上的可分性越来越强，产品的研发、设计、生产、营销、售后服务等技术、生产、市场各个环节都可以实现时空分离，使得产品在技术上突破地域限制成为可能。生产的可分离性使每一个环节或工序可以在成本最低的区域完成,企业的生存和发展在很大程度上取决于成本和价格竞争优势。跨国公司为了更加有效地利用全球资源,进一步发展和提升竞争力,在全球展开了战略性生产网络布点和调整,各种产品的生产环节被最大限度地细分,国际生产分工不断地突破地域边界,世界制造业生产体系出现了前所未有的垂直专业化分离和再构,产品内分工的新现象不断涌现,其纵深发展导致国际贸易的形式和内涵发生重大改变,主要表现形式之一就是产品各个生产工序和区段分散到不同国家间进行,跨国公司对各国优势资源进行整合,生产链不断跨越国境形成全球价值链分工,大量的中间产品频繁跨国交易,以往国际间的产业转移正相应演进为产业链条和产品工序的转移,贸易获利源泉和贸易模式相应发生变化。一国的竞争优势较以往出现了巨大变化,不再体现在某个特定产业或某项特定产品上,而是体现在生产环节或工序上。产业链进一步细分,交错参差,形成你中有我,我中有你的新局面。技术密集型产业蕴含了劳动密集型环节,如高科技产品的加工装配环节,劳动密集型产业同样也融入了知识技术密集环节,如服装产业的服装设计环节。在价值链细分的基础上,每一个企业依据自身的资源优势和核心竞争力,收缩业务领域,专注从事价值链上最具竞争优势的某一个生产环节或某一道生产工序,产品不再像原先那样由单一企业独立完成生产。产品内分工打破了发展中国家产业发展的独立性和完整性,对发展中国家的产业造成了极大的影响。

产品内分工是产品各生产环节之间的水平分工。它的出现使分工模式突破了以往的界限,从交换最终产品发展成为生产要素、生产环节或工序层面中间品也大量进入贸易领域。产品内国际分工快速兴起并得到迅速发展,主要原因在于:

首先,科学技术的进步是产品内分工形成的根本原因。科技进步和生产力发展使产品标准化成为可能,原来一国完整的产品生产过程能够不断细分为众多的生产环节,这为产品生产空间分离提供了技术基础,使国与国之间产品内分工成为现实。同时,科技的进步带来了便捷的交通、通信手段,降低了全球资源的使用成本,远距离、多时空经营交易便捷可行,各国投资政策自由化降低了要素流动障碍,使资源的全球配置和国际迂回生产成为可能。

其次,跨国公司国际竞争推动了国际分工向产品内分工演进。经济全球化的发展使各国间的竞争日益增强。在开放经济中,各国企业都面临着激烈的国际竞争。为最大限度地降低生产和交易成本,尽可能多地获取经济利益,跨国公司在利润最大化或成本最小化的目标驱动下,采取了全球资源的最佳配置策略,在世界范围内更加有效地利用资源,通过国际零散化经营或者外包,逐步将自己不具有比较优势的制造、加工、组装等生产工序或价值环节分散到劳动力价格低廉的不同国家企业进行专业化生产,跨国公司自身专注于价值链高端的创意设计、产品研发、品牌运营、售后服务及管理等附加值高的核心环节,使企业内部原本一体化的产品生产过程从以往单一国家独立完成发展到在世界上不同国家和地区合作完成,以达到优化要素配置,实现利益最大化的目标。

（二）三种分工形式的差异

产品内分工与传统的产业间分工和产业内分工相比,最本质的区别在于:传统分工是在生产要素不能跨国界自由流动的假定前提下,产品生产具有不可分割的特性,各国生产的产品都是最终产品。产品内分工打破了传统分工的假定前提条件,在资本甚至劳动力等要素可以跨国界流动的前提下,跨国公司将生产分工深入到了产品内部可分性的区段或工序环节。产品内分工条件下,发展中国家凭借加工、组装等低附加值生产环节嵌入发达国家跨国公司主导的全球生产链条上,深入到跨国公司占据主导地位的世界生产体系中。发展中国家虽然占据的是全球产业价值链分工中的低端加工组装生产环节,但融入世界生产体系毕竟还是有利于发展中国家劳动密集型产业的发展,同时还可以促进发展中国家技术密集型和资本密集型产业的成长,对发展中国家产业空间布局、市场结构变化和产业结构升级都将产生深远的影响。

不同于以往的国家和地区间国际产业转移是直接转移某一产业或产品,当今的产业转移已经突破了国家间产业的整体性转移,它以产品价值链为纽带,转移的是某一产业或产品中的不同的要素密集环节或生产工序。生产工序国际转移率先在跨国公司内部展开。在利润最大化或成本最小化目标下,跨国公司将产品的设计研发、核心部件生产、销售管理、品牌运营及售后服务等附加值较高的技术、市场环节安排在发达国家,将产品的主要零部件制造工序转移到生产技术水平较高的新兴工业化国家,将辅助零配件制造、加工组装等生产工序转移至技术水平相对较低的发展中国家,发展中国家处于被选择被控制的地位。产品内分工实现了全球市场一体化与生产分散化的统一。

20世纪80年代以来,随着现代科学技术的不断进步、生产力水平的进一步提高,国际分工格局也与之相适应,已经从传统的产业间分工发展成产业内分工进而不断向产品内分工演进。产品内分工指的是欧美和日本等发达国家的跨国公司通过在亚洲、拉美等发展中国家或经济体大量投资设厂,建立起"世界工厂",从事加工组装业,各加工组装点之间大量的零部件或中间品贸易,对所在地的就业和出口产生深远影响的经济贸易现象。由于产品内分工与国际贸易地理方向、国际投资区位选择、产业组织结构调整密切相关,因此,来自经济学、管理学、社会学等学科领域学者创造了不同的概念来研究这种经济现象。比较有代表性的提法有零散化生产(Jones&Kierzkoski,1990,1998,2000)、垂直专业化(Hummels, Rapoport & Yi, 1998; Hummels, Ishii&Yi, 1999, 2001)、全球价值链(Gereffi,

1994)、价值链切片化（Krugman，1995）、多阶段生产（Dixit & Grosman，1981）、外包（Arndt，1997）、产品内分工（卢锋，2004）、国际生产分割（郭炳南，2013）等。到目前为止，学术界并没有形成一个普遍接受的统一概念来描述这一经济现象。不同学科背景的学者们使用不同的概念加以引申、转换这一经济现象，所使用的概念存在多种表述方式，这主要是由于各个学者对同一问题描述的侧重点和角度不同，因而表述也各异。

　　无论是从工序"外包"还是从"垂直专业化分工"角度阐释新的分工形式都只能从某个方面概括当前国际分工的特点，而工序分工（Tasks Division）概念则既能从国际分工的角度也能从国际贸易的角度全面、客观地概括当前国际工序分工的特点和内容，更适合对国际分工与贸易问题研究的需要。因此，本书将采用格罗斯曼和罗斯—哈斯伯格（Grossman & Rossi-Hansberg，2006）的提法，将新的国际分工与贸易形式称为工序分工与贸易。当然，之前的研究者曾以"零散化生产、垂直专业化、全球价值链、价值链切片化、多阶段生产、外包、要素分工、国际生产分割、全球生产网络化"等名称不同但意义相近的名词来概括这一崭新的经济现象，但内涵基本一致，本书为了论述的需要，可能会对上述概念不加区别地进行引用。产品内分工理论的提出迄今不过短短的四五十年，由于理论发展本身还远不完善，因而其关于国家间贸易利益分配的论述并不多见。

　　产品内分工的发展在现实贸易世界中主要表现为资本、技术等高层次、流动性要素对自然资源、非熟练劳动力等低层次、非流动性要素的选择和追逐。在这里，低层次、非流动性生产要素的国际价格处于被决定、被整合的地位。主要表现为，当国际市场劳动力需求旺盛而劳动供给比较紧缺时，就会出现加班加点延长劳动时间的现象，劳动力的价格出现上升趋势；当国际市场上劳动力需求较为疲软而供给数量过剩时,就会出现工作量不饱满甚至失业的现象,劳动力的价格出现下降的趋势。

产品内分工条件下,一个国家在国际竞争中的地位及所获利益的大小很大程度上取决于该国对全球要素的整合能力,而不再是最终产品领域的比较优势。一国的竞争优势也不像原先那样体现在某个特定产业或某项特定产品上,而是体现为该国企业在产业链条中所占据的环节或工序上,产业链条上各环节的增值程度差别极大。总体而言,产品价值链中的两端环节即研发、设计等技术环节和销售、服务等市场环节的价值增值较强,中间生产环节的附加增值相对较弱。生产环节又可以分为上游生产环节和下游生产环节。上游生产环节主要是关键零部件的生产,它的增值能力又往往高于下游的零部件生产和组装环节。跨国公司在寻求比较优势、追求经济利益最大化或成本最小化的目标下,会将产品的设计研发、关键部件生产、销售管理、品牌运营及售后服务等技术、市场工序安排在跨国公司所在的母公司,将产品的主要零部件制造工序转移至新兴工业化国家,而将辅助零配件制造、加工组装等生产工序以产业国际转移的形式外包给发展中国家。发展中国家处于被选择、被控制的地位。这样,跨国公司在全球范围内整合优化资源配置,将产业价值链上的每个环节或每道生产工序分散在全球最能获得竞争优势的区域,并通过中间产品的跨国交易,在经济发展水平不同的国家间形成一种产品内国际分工的新格局。它使传统的国际价值的生产和实现从以往的最终产品生产领域扩展到了产品各个生产环节和生产工序,不同国家在价值链中所处的地位决定了他们获得的利益存在较大差异。产品内分工的深化和国际产业转移改变了贸易利益的流向,以国土原则划分的贸易差额不能反映现实经济生活中的贸易平衡与贸易利益状况。发达国家的资本和技术要素在价值链中占据了层次较高的技术、市场环节,取得了较多的国际利益,而发展中国家的劳动力要素主要集中在层次较低的加工组装环节，所获利益极其有限。

二、工序分工理论的贸易利益观

（一）工序分工产生的基础

工序分工作为产品内分工的拓展和深化，是产品内分工模式下的一个最主要的子模式。现代交通的迅猛发展，为中间产品跨境运输提供了极大的便利性。与此同时，日新月异的通信技术使生产指令可以通过互联网跨境瞬间传达，为产品生产过程的时空分离提供了可能性，弱化了专业生产组织对地理空间集聚的要求，企业可以跨境优化配置资源，降低要素使用成本。在这种新型的国际分工体系中，最终产品的生产可以在技术上被拆分成一系列不同的生产环节或工序，再按照各国要素禀赋特点，分布到最适合完成此工序的不同国家，产品生产环节不再由一个国家的企业独立完成，单个企业只能专业化完成其中某个工序或环节的生产，多个企业生产的中间品或半成品共同组合成最终产品。在这种工序分工体系下，半成品或中间产品贸易成为贸易的主体，一些经济学家称这种以中间品为主体的贸易为工序贸易，逐渐形成了按工序或区段进行分工的国际生产与贸易经济体系。

工序分工与贸易模式的主体是国际工序分工生产出的中间产品或者是某一生产工序或服务流程在空间上分离出来的独立环节，而不再是传统贸易形式中的最终产品或者整个产品的生产环节或服务流程。

工序分工和贸易条件下，依据价值链的不同环节形成国际分工，传统国际转移从产业间分工转向产业内分工直至产品内分工，抑或称为价值链或工序环节分工。在经济全球化日益深化的发展趋势下，全球工序分工与贸易已经成为一个国家或经济体参与国际分工的必由之路。各国根据自身要素资源禀赋差异,承担同一产业甚至同一产品内部不同的工序环节,获取价值增值与收益。

(二)工序分工的类型

根据生产工序分工外延空间范围界限的不同,可以划分为两种类型:一类是国内生产工序分工,另一类是国际生产工序分工。前者指某一特定产品整个生产过程的不同工序在一国内部不同地区完成,这种分工形式因其整个生产过程都在国内,故称为国内生产工序分工;后者指某一特定产品生产的不同工序跨越国界,在不同国家之间进行生产。这种分工形式因其生产过程分置于不同国家或地区,故称为国际生产工序分工。因本书研究的重点是中美之间贸易利益的分配,因而本书中的工序分工概念界定为国家间的生产工序分工,是发达国家将价值链中的低端生产工序分包给发展中国家,然后再通过中间品贸易来完成整个生产链工序的全过程。因此,工序分工形式可以视作是一种处于市场化交易和内部化交易之间的特殊的国际分工形式。

工序分工理论将要素禀赋、规模经济等比较优势与研发、设计、组装、物流、仓储、营销、渠道、品牌等工序环节结合起来,在工序特性和产品特性上与比较优势动因紧密联系,从而构建起对当前分工模式更具有说服力的理论模型,以中间品和服务为主是工序分工与工序贸易的本质特征。

三、对产品内贸易利益认识的评价

通过工序分工与贸易,跨国公司降低了生产成本,推动了世界财富的增长。工序分工的出现使产品的价值创造环节可以分散到具有不同比较优势的国家或地区,这也使得国与国之间的比较优势由以往传统的最终产品优势转移到全球价值链的各个环节、各个工序上,使国际分工的边界从产业层次逐渐迁移到价值链层次,一国的竞争优势体现在它所占据的某一环节或某一工序层面上。在全球价值链中,链主企业牢牢占据着价值链条的上游,成为高附加值、高技术含量产品和服务的提供者,链主企业一般是发达国家的跨国公司。发展中国家则沦为低附加值产品和服务的提供者,甚至有可能陷入"贫困化增长"的困局。

具体到中美国际产业的合作分工的一般模式来说,美国劳动力相对稀缺,平均工资水平较高,与中国相比,在劳动密集型产品的生产上明显处于劣势,但是,美国科技水平高,产品品牌效应强;中国劳动力资源丰富,平均工资水平较低,劳动力资源具有相对的竞争优势,但技术水平较低,产品的品牌效应较弱,因此多从事产品的加工、组装等生产工序环节,但是这些环节的价值含量往往较低,处于价值增值底端的生产环节。于是许多美国跨国公司来华投资设厂,采取全球资源配置策略,凭借在资本、技术方面的竞争优势,在产品生产链条中一般从事产品设计、研发、销售和服务等价值增值含量较高的生产环节,从世界各国尤其是日本、韩国和中国台湾地区等这些东亚国家或地区高级零部件供应方进口原材料、零部件和中间投入品,在中国加工组装完毕,贴上"中国制造"的产地标签后再出口到欧美市场。

以中间品进出口为主要载体的全球工序分工已经成为中国参与国际分工的主要形式,但是,无论是最终产品贸易还是中间品贸易,处于全球价值链底端的中国从中获取的分工价值和贸易利益都非常有限。在中美制成品工序分工中,美国跨国公司利用的不仅仅是本国的资本、技术比较优势,还有中国的劳动力比较优势,或者说,美国跨国公司利用了全球的要素比较优势,因而,美国在国际工序分工和贸易中获取的利益进一步扩大。

国际分工与贸易理论告诉我们,只有贸易参与双方都获得利益,贸易才可能持续下去。当然,在贸易有利于参与方总体利益的同时也必须指出,贸易利益并不能保证在所有参与者之间平均分配,有的国家可能获利多一些,有的国家可能获利少一些。只有进行定量分析才能知悉贸易利益分配格局,并且尽力保证一国应得的贸易利益不受侵犯。

在产业间分工和产业内分工形式下,有关贸易利益分配问题的争议主要集中在一国产品与其他国家交换时,是否获得了应有的货币补偿或者贸易条件是否恶化,属于狭义贸易利益范畴。但是,即使是狭义贸易利益,两种分工形式下的研究结论也不一致。比较优势论在理论上证明了两国通过专业化生产本国优势大或劣势小的产品,通过国际分工和交换,可以在不增加投入的情况下,世界产出水平增加,双方福利水平得以提升。而以劳尔·普雷维什(Raul Prebisch)为代表的发展经济学家认为,世界经济体系分为中心和外围两大类。在经济发展的自主性、经济发展结构和利益分配方面,两类国家处于不平等的地位。发达国家处于中心地位,出口工业品或高附加值产品,进口原料或初级产品,能够独立自主地发展本国经济;发展中国家在经济和技术发展上依附于发达国家,非但难以获得技术进步带来的利益,相反技术进步却压低了主要出口商品——初级产品的价格,因此他们与中心国家进行着不平等的经贸往来。发达国家通过资本输出、凭借技术和管理优势攫取垄断利润,最大限度地剥削外围国家,促进自身的发展,强化外围国家在经济上的依附性,使外围国家实际上成为中心国家的食品和原料产地,而外围国家由于利益流失,贸易条件日趋恶化,进而陷入"贫困式发展"的困境。"中心—外围"理论以发展中国家的利益为理论基础,深刻剖析了当代国际分工贸易体系中发达国家控制和剥削发展中国家的实质,从理论和实践上揭示了"中心—外围"国家之间的不平等交换关系,指责了发达国家倡导的自由贸易政策主要是为发达国家服务的。

第五节 中美贸易利益归属的研究

一、国际观点

(一)美国受损论

康托(Mickey Kantor,1996)认为,中美贸易的利益绝大部分被中国拿走。中国政府人为地压低人民币汇率严重损害了美国的贸易利益。萨缪尔森(Samuelson,2004)的研究支持了这一观点。他运用自由贸易模型证明了像中国这样的发展中国家的崛起将削减美国的贸易利得。他的逻辑是国际贸易动因在于技术阶梯,中国的技术创新将恶化美国的贸易条件,动摇美国在经济上的领先地位,使美国利益受损。戈莫里和鲍莫尔(Gomory & Baumol)应用规模经济模型得出了类似美国竞争力受损的结论。因此,美国政府把中国对美国贸易的增长视为对其经济的威胁,这也正是中美贸易摩擦不断的根源所在。

(二)美国获益论

部分学者和研究人员认为,中美双边贸易符合比较利益原则,美国对华的贸易逆差实际上是一种补偿性逆差。大量劳动密集型制成品的进口,满足了美国国内的日常基本消费需求。这种逆差不仅不会损害到美国的经济发展,反而还有利于美国整体经济的运行。更有学者肯定贸易逆差对美国经济增长有促进作用。罗伯茨(Roberts,2001)认为,美国贸易逆差是国内各种经济因素共同作用的结果,逆差不仅不会损害美国的利益,相反任何试图消除贸易逆差的政策都会弊大于利。罗伯特·墨菲(Robert G. Murphy)甚至称贸易逆差为美国的朋友。摩根斯坦利的调查也支持了这种观点。根据他们的调查,大量优质低价的中国产品使得美国的消费者每年可节省大量消费支出。

二、国内观点

国内学者关于产品内分工下国家利益分配问题的研究成果则还不是很多。尹翔硕（2001）认为美国的贸易逆差使美国获得了大量的外国资金，有利于调节美国的经济周期，在美国的"新经济"发展中起到了重要促进作用，美国的就业并没有因贸易逆差的扩大而受到影响。中美贸易实际上是一个双赢的局面，逆差方美国的得益并不一定比顺差方中国小。

曹明福、李树民（2005）构建了产品价值链分工的三国模型，通过模型分析得出结论：从静态角度来看，最发达国家凭借在分工中的优势地位，挤占他国的利润，追求本国的利润最大化，而在分工中处于从属地位的国家不一定能从全球价值链分工中获得利益。他们的研究对于研究产品价值链分工引起的贸易利益变化有重要的参考价值，但其模型简单，而且也未进行实证检验。

曾铮、张亚斌（2005）的研究提供了从经济学角度研究价值链的一种分析方法，但并没有涉及价值链分工的国家利益分配问题。李海舰、原磊（2005）在价值链层面研究了利润转移规律，认为利润会沿着价值链发生转移，并指出企业应该采用何种价值理论去最大限度地获取利润。田文（2005）认为发达国家在产品内部分工的供应链中占据了对价值形成最具影响和支配力的环节，因而在价值和利润分配上处于垄断的有利地位，获得了更多的贸易利益。宋玉华、朱思敏（2008）指出垂直专业化下不同的生产环节对生产要素有着不同的要求，处于价值链不同地位的国家也相应有着不同的价值回报。中国从垂直专业化中获得的利益分配较为有限，翟冬平（2011）则认为在要素分工条件下，静态利益的分割取决于一国以何种要素参与何种层次的国际分工，发展中国家以劳动力等要素参与国际分工处于不利地位并导致静态利益流失，但由于要素流动以及中间产品贸易具有知识技术等溢出效应强的特点，给发展中国家带来了巨大的技术进步、经济发展以及就业等动态利益。李翀（2005）认为美国作为国际储备货币发行国，经常项目的逆差，甚至是规模较大的经常项目逆差，不一定对美国经济产生不利影响，甚至有可能对本国经济产生有利影响。中国对美贸易连续多年顺差，但是，中国相当大的一部分出口贸易利益要与美国共同分享。而进口可能产生某些不利影响，中国可能需要承受，美国进口则可以避免这种影响。

　　尽管这些研究涉及了产品内分工的收益分配问题，但研究重点是产品内分工的成因及其影响，对收益分配只是从现象上进行了描述和归纳，而且收益分配研究主要针对发达国家与发展中国家间的分工与贸易，或者只以发达国家为研究对象，跨国公司活动与贸易利益分配的关系没有涉及。因此，对产品内分工中收益分配的决定因素的研究尚待继续深入。

　　以上研究或多或少地触及产品内分工对国家间贸易利益分配的影响。遗憾的是，研究仅针对就业、工资等具体方面，尚未能系统论证国家间贸易利益如何进行分配的问题，所以，亟须结合产品内分工的新背景对中美贸易利益分配进行更深入和系统的研究，提出适宜的双边贸易发展战略，加强利益融合，减少利益冲突，建立利益共享机制，重塑互利共赢、和谐可持续的中美经贸关系。在实证研究方面，研究结论虽然大相径庭，但也取得一些共识，如贸易利益的获取与该国的技术吸收能力、技术差距、教育水平以及与该国参与产业内分工与贸易的类型密切相关。

第二章　中美建交后双边贸易
发展的现状与特征

在中国众多的对外贸易关系中,中美经贸关系备受瞩目。中美两国虽然在市场准入、知识产权保护、贸易平衡与人民币汇率升值方面时有摩擦,但中美经贸关系总体上不断扩大和深化,发展势头良好。从长远来看,中美两国经济互补性和经贸合作互利性是两国经贸关系持久发展的基础和驱动力。中美贸易的高速增长、贸易商品结构的高度互补性和互利共赢、互惠互补的利益共生关系已成为中美贸易发展的典型特征。中美经贸关系的良性发展事关两国人民的经济利益和福祉,因此,对中美经贸关系研究显得尤为重要。

第一节　中美双边经贸关系发展的基本历程

新中国成立后,中美经贸关系经历了四个发展阶段:贸易中断阶段(1949—1970 年)、缓慢恢复阶段(1971—1978 年)、稳步发展阶段(1979—1989 年)、快速发展阶段(1990 年至今)。

一、贸易中断阶段(1949—1970 年)

1949 年新中国成立后,废除了西方列强强加给我们的一切不平等条约,为中国对外贸易奠定了平等发展的基础。中国与美国贸易发展与两国的政治进程息息相关。新中国成立之初,中美之间尚有少量的贸易往来,但双边贸易额仅为区区的 2 亿美元。1950 年朝鲜战争爆发,美国采取政治孤立、经济封锁的手段制裁中国,对中国全面实行货物禁运。自朝鲜战争爆发到 1970 年,中美双边贸易几乎处于中断的状态。

二、缓慢恢复阶段(1971—1978 年)

20 世纪 60 年代末 70 年代初,美国陷入越南战争泥潭,国力受损,在美苏全球争霸中日趋走向弱势;而 60 年代中苏关系持续恶化,在应对苏联威胁方面中美双方达成共识,中美关系得到了缓和与发展。1971 年 6 月,美国结束了长期的对华禁运状态。1972 年 2 月尼克松总统访华,这是一次政治破冰的访问。两国首脑共同发表了《中美上海联合公报》,公报宣称,双方认为双边贸易是可以得到互利的一个领域,并一致认为平等互利的经济关系符合两国人民的利益。公报还提出将对逐步发展的两国间的贸易提供方便。《中美上海联合公报》的发表为两国经贸关系的恢复与发展奠定了基础,标志着中美关系开始正式解冻,贸易大门打开。1971—1978 年,中美贸易处于缓慢恢复阶段。由于中美两国长期存在较大的意识形态差异,并且两国外交关系还没有实现正常化,因此这一时期两国的经贸合作起伏不定,贸易规模也比较小,到 1978 年年底,双边贸易额还不到 10 亿美元。

三、稳步发展阶段(1979—1989 年)

1979 年 1 月 1 日,中美双方建立正式外交关系。同年 7 月,两国政府签署了《中美贸易关系协定》,开启了中美经贸关系的正常化时期。根据这一协定,美国将给予中国最惠国待遇,中国输美商品关税下降约一半。1980 年 2 月,《中美贸易关系协定》正式生效,中美贸易得以稳步发展。在此后的十年，双边的经贸关系虽然受到两国政治关系的影响，经历了一些波折，却一直保持着向前发展的势头，双边贸易额也由 1979 年的 24.52 亿美元增长到 1989 年的 122.5 亿美元，年均增长率约为 25.7%。

四、快速发展阶段（1990 年至今）

进入 20 世纪 90 年代以来，两国经贸发展的总体趋势是稳步向前推进。1997 年 10 月，江泽民主席对美国进行国事访问。两国发表联合声明，宣布中美两国将加强合作，致力于建立面向 21 世纪的建设性战略伙伴关系。1998 年 6 月，克林顿总统访华，表达了双方求同存异、发展合作的观点。1999 年 11 月，中美两国政府代表在北京签署了关于中国加入世贸组织的双边协议。2011 年 12 月 11 日，中国正式加入世贸组织，这为中美两国贸易发展开辟了新的道路，注入了新的活力，中美双边贸易创造了一个又一个奇迹。

第二节 中美双边货物贸易发展的现状和特征

1979 年中美两国建立正式外交关系以来，中美贸易快速发展，双边货物贸易额从 1979 年的不到 25 亿美元扩大到了 2013 年的 5207.48 亿美元，贸易规模扩张了 200 多倍，是中美双边贸易快速增长的阶段。这一阶段中美货物贸易平衡状况以 1993 年为界，经历了两个完全不同的阶段。1993 年以前是美国顺差、中国逆差的阶段；1993 年以后形势逆转，为中国顺差、美国逆差阶段；中美货物贸易结构和服务贸易结构均具有很强的互补性。

经济学上考察两个经济体之间的贸易状况，一般的方法是从双方的贸易规模、贸易平衡状况和贸易商品结构等三方面进行。

一、中美货物贸易的规模

（一）中美货物贸易发展迅速

中美建交三十多年来,双边货物贸易发展迅速。从中方的统计数据来看,1979 年,中国对美货物贸易额为 24.52 亿美元,占当年中国对外商品贸易总额293.33 亿美元的 8.36%,其中对美出口总额为5.95 亿美元,自美进口额 18.57 亿美元,中国对美贸易逆差为 12.62亿美元;到 2013 年,中美货物贸易额已超 5000 亿元大关,高达 5207.48

表 2-1　1979—2013 年中美双边货物贸易 　（单位:亿美元）

年份	中美贸易总额	对美出口额	自美进口额	差额	年份	中美贸易总额	对美出口额	自美进口额	差额
1979	24.52	5.95	18.57	-12.62	1997	489.93	326.94	162.98	163.97
1980	48.11	9.81	38.30	-28.49	1998	548.31	379.48	168.83	210.65
1981	58.88	15.06	43.83	-28.77	1999	614.25	419.47	194.78	224.69
1982	53.36	16.19	37.17	-20.98	2000	744.62	620.99	223.63	297.36
1983	40.24	17.02	23.22	-6.20	2001	804.85	542.83	262.02	280.80
1984	64.70	24.33	40.37	-16.05	2002	971.81	699.51	272.30	427.20
1985	74.42	23.52	50.90	-27.38	2003	1263.34	924.74	338.61	586.13
1986	73.48	26.32	47.17	-20.85	2004	1696.26	1249.48	446.79	802.69
1987	78.68	30.37	48.31	-17.04	2005	2116.26	1629.00	487.26	1141.73
1988	100.50	33.82	66.68	-32.86	2006	2626.81	2034.72	592.09	1442.63
1989	122.54	43.91	78.63	-34.72	2007	3020.83	2327.04	693.79	1633.25
1990	117.68	51.79	65.88	-14.09	2008	3337.43	2523.84	813.60	1710.24
1991	142.02	61.94	80.08	-18.14	2009	2982.00	2208.00	774.00	1434.00
1992	174.95	85.94	89.01	-3.07	2010	3853.86	2832.87	1020.99	1811.88
1993	276.52	169.64	106.88	62.76	2011	4465.82	3244.53	1221.29	2023.24
1994	353.55	214.61	138.94	75.65	2012	4846.83	3517.96	1328.86	2189.10
1995	408.32	247.14	161.18	85.95	2013	5207.48	3684.06	1523.42	2160.64
1996	428.38	266.83	161.55	105.28					

资料来源:根据历年《中国统计年鉴》和《中国对外经济贸易年鉴》有关数据整理并计算得到。

亿美元,占 2013 年中国对外商品贸易总额 4.16 万亿美元的 12.52%,相比于 1979 年增长了 200 多倍,其中对美出口总额为 3684.06 亿美元,自美进口额 1523.42 亿美元,中国对美贸易顺差为 2160.64 亿美元。中国对美国出口总额也由 1979 年的 5.95 亿美元增加到 2013 年的 3684.06 亿美元,增加了 600 多倍,占 2013 年中国对外商品贸易出口总额 22096 亿美元的 17.49%。中国从美国进口总额也由 1979 年的 18.57 亿美元增加到 2013 年的 1523.42 亿美元,增加了 80 多倍,占 2013 年中国对外商品贸易进口总额 19504 亿美元的 7.81%。根据美国商务部公布的美国贸易数据,中国 2015 年已成为美国第一大商品贸易伙伴。

依据中国的统计数据,从表 2-1 我们可以看出,从中美两国建立正式外交关系以来,两国双边货物贸易平衡关系以 1993 年为界,1993 年以前为美国小幅顺差,中国小幅逆差状态,中美贸易逆差额最大的年份为 1989 年,逆差额近 35 亿美元;1993 年以后,贸易差额形势发生逆转,中美双边贸易额中国由逆差转为顺差,并且顺差额呈逐年扩大趋势。1993 年中国对美货物贸易顺差额为 62.76 亿美元,到 2013 年,中美贸易顺差额已经扩大到 2160.64 亿美元,增长了约 34 倍。中国从小幅顺差到巨额顺差,不仅有统计误差、国际产业转移、外资企业的出口带动等因素的影响,而且美国对高新技术的出口管制措施共同造就了中美贸易失衡。

(二)货物贸易规模呈阶梯状跃升

纵观自 1979 年中美建立正式外交关系三十多年以来,中美双方以互利共赢为目标,双边经贸关系发展迅猛,贸易规模持续呈现奇迹:

1979 年中美双边货物贸易额为 24.52 亿美元,直到 1988 年(贸易额 100.50 亿美元)贸易规模才跨上 100 亿美元的台阶,其间用了整整 10 年的时间;到 1993 年(贸易额 276.52 亿美元),仅用 5 年时

（单位：亿美元）

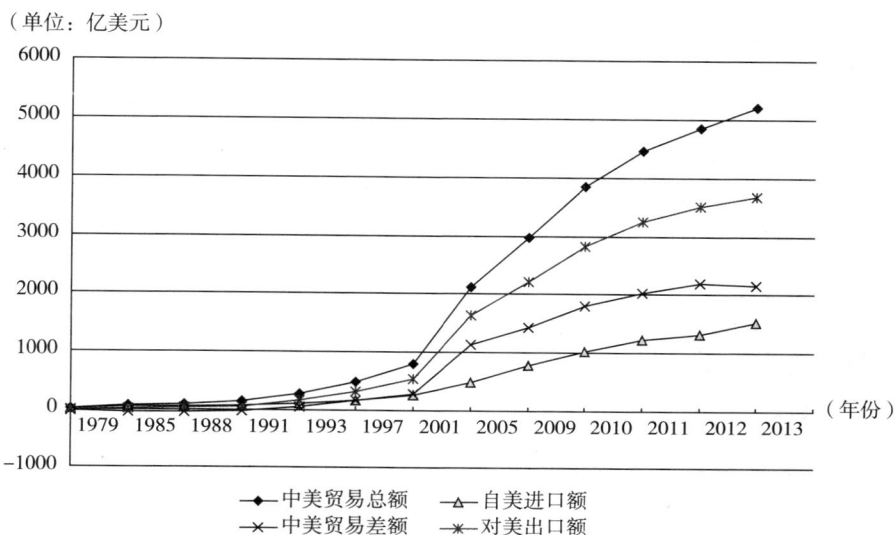

图 2-1　1979—2013 年中美双边货物贸易

间中美货物贸易就跨越了 200 亿美元的台阶；1994 年（贸易额
353.55 亿美元）和 1995 年（贸易额 408.32 亿美元）连续两年各跃升
一个百亿美元的台阶；1998—2002 年，连续 5 年跨越百亿美元台阶；
2003 年中美货物贸易额高达 1263.34 亿美元，首次突破千亿美元的
大关；其后 2005 年双边货物贸易额达到 2116.26 亿美元，2007 年达
到 3020.83 亿美元，出现了仅用 4 年时间就跨越两个千亿美元台阶
的奇迹；随后，由于全球金融危机的爆发，美国消费需求大幅缩水，再
加上美国政府新贸易保护主义抬头，中美贸易受到严重的影响，2008
年双边贸易快速增长的势头受到遏制，2009 年出现了负增长；2010
年美国经济开始缓慢复苏，中美贸易迅猛增长，又跃升了一个千亿美
元台阶，达 3853.86 亿美元；2011 年达到 4465.82 亿美元，2013 年首
次突破 5000 亿美元大关，达到创纪录的 5207.48 亿美元。中美双边
货物贸易额的巨大发展，彰显了中美两国经济发展高度的相互依赖
性和贸易的互补性。

二、中美货物贸易平衡状况

两个经济体之间的贸易平衡状况可以用贸易差额来衡量。所谓贸易差额（balance of international trade）：是指一国（地区）在一个时期（通常为一年，半年或一季）内，出口商品及劳务的总值与进口商品及劳务总值之间的差额，在经济上被称为贸易差额。如果一国（地区）在一个时期（通常为一年，半年或一季）内，出口商品及劳务的总值大于进口商品及劳务总值的差额，海关统计中称"出超"，又称贸易顺差，它反映该国在对外贸易收支上处于有利地位；如果一国（地区）在一个时期（通常为一年，半年或一季）内，进口商品及劳务的总值大于出口商品及劳务总值的差额，海关统计中称"入超"，又称贸易逆差，它反映该国在对外贸易收支上处于不利地位。

中美自 1979 年建立正式外交关系以来，双方贸易差额归属问题结论不一。依据中国的统计数据，中美双方货物贸易差额状况以 1993 年为分水岭，1993 年以前为美国顺差、中国逆差的阶段；1993 年以后为中国顺差、美国逆差的阶段。而依据美国的统计数据，中美双方货物贸易差额状况应以 1983 年为分水岭，1983 年以前为美国顺差、中国逆差的阶段；1983 年以后为中国顺差、美国逆差的阶段。也就是说，对 1983—1992 年贸易差额的归属双方存在分歧。

（一）中方观点

1. 1993 年以前的美国顺差、中国逆差阶段

根据中方的统计，从 1979 年至 1992 年，中美整体贸易规模偏小，虽然连续 14 年中国对美贸易逆差，逆差额度都不大。逆差额最大的 1989 年，也仅为 34.72 亿美元，10 年逆差总量累计也不过282.16 亿美元。主要是由于中国和东亚、东南亚国家的贸易量，远比美国为大，当时的中美贸易所占比重和地位有限，再加上中国处于

对外开放的初始期,外汇紧缺,不可能大量进口,有限的外汇主要用于进口国内紧缺的较为先进的机械设备,对美商品需求受到抑制,而这时候外商到中国直接投资设厂的也非常少,商品输出是中美经贸关系的主要形式,对美出口也不强劲,因此造成中美贸易规模偏小,贸易逆差额较小。双方贸易差额状况见表2-2。到1993年,中国一举扭转逆差态势,对美贸易出现顺差,开创了对美贸易持续顺差的新局面。

表2-2　1979—2013年中美双边货物贸易差额　（单位:亿美元）

年份	差额	年份	差额	年份	差额	年份	差额
1979	-12.62	1988	-32.86	1997	163.97	2006	1442.63
1980	-28.49	1989	-34.72	1998	210.65	2007	1633.25
1981	-28.77	1990	-14.09	1999	224.69	2008	1710.24
1982	-20.98	1991	-18.14	2000	297.36	2009	1434.00
1983	-6.20	1992	-3.07	2001	280.80	2010	1811.88
1984	-16.05	1993	62.76	2002	427.20	2011	2023.24
1985	-27.38	1994	75.65	2003	586.13	2012	2189.10
1986	-20.85	1995	85.95	2004	802.69	2013	2160.64
1987	-17.04	1996	105.28	2005	1141.73		

资料来源:根据历年《中国统计年鉴》和《中国对外经济贸易年鉴》有关数据整理并计算得到。

2.1993年以后的中国顺差、美国逆差阶段

自1993年起,中国对美贸易呈现长期、持续、单边顺差势态,截止到2013年年底,中国对美顺差额累计达到18869.84亿美元。1996年,中国对美顺差突破百亿美元大关,2005年突破千亿美元大关,2011年突破两千亿美元,2012年顺差额达到2189.10亿美元,中美贸易顺差迭创新高。除2001年加入世界贸易组织出现了同比下降5.57%和2009年金融危机影响出现了同比下降16.14%外,其余年份都呈逐年走高态势。其中,1997年同比升幅为55.74%,为最大升幅,2008年同比升幅为4.71%,为最小升幅。从顺差规模来看,出

现快速攀升的趋势。1993 年的顺差额为 62.76 亿美元,2012 年顺差额最大,为 2189.10 亿美元,增加了约 34.88 倍。至于未来中美货物贸易的平衡状况,由于受美国新贸易保护主义及中国转向内需导向型贸易政策的影响,中美贸易增长率及顺差增幅可能会出现放缓趋势,但是,短期内中国对美贸易顺差绝对规模持续扩大的状况还将表现出一定的延续性。

(二)美方观点

根据美方的统计,美中贸易差额归属可以划分为四个阶段。

第一阶段:美国对中国顺差阶段(1979—1982 年)。1979 年中美建立正式外交关系后,双方贸易往来发展迅速。从 1979 年到 1982 年四年时间里,双方统计都显示,在双边贸易差额归属上美国获得贸易顺差,但在贸易差额的规模上存在分歧(见表 2-3、图 2-2)。由于当时中国的改革开放刚起步,生产能力有限,技术水平不高,生产的商品主要用来满足国内市场需求,出口商品竞争力较弱。同时,外汇紧缺,有限的外汇主要用于购买国内急需引进的机械设备,致使商品进口额较小,整体上中国处于对美贸易逆差状态。

表 2-3　1979—1982 年中美贸易差额的演化　　(单位:亿美元)

年份	美方统计			中方统计			双方差额统计差距
	对中出口额	自中进口额	贸易差额	对美出口额	自美进口额	贸易差额	
1979	17.2	6.5	10.7	5.9	18.6	-12.7	2.0
1980	37.5	11.6	25.9	9.6	38.2	-28.6	2.7
1981	36.0	20.6	15.4	15.1	43.8	-28.7	13.6
1982	29.1	25.0	4.1	16.2	37.2	-21.0	16.9

资料来源:中国的统计来自《中国统计年鉴》,美国的数据来自美国商务部网站。

第二阶段:贸易差额归属分歧阶段(1983—1992 年)。由于两国统计口径存在差异,导致统计结果与贸易现实发生背离。美国经

（单位：亿美元）

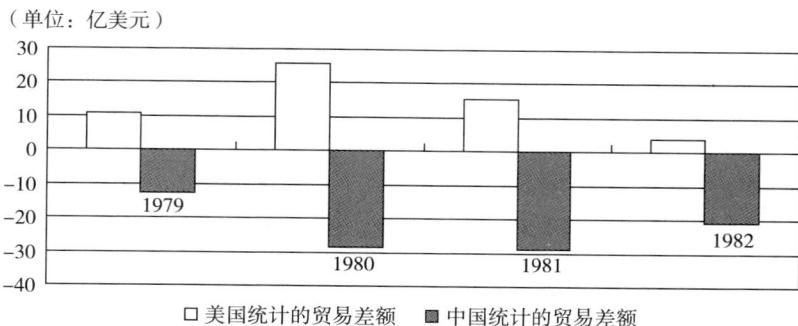

图 2-2　1979—1982 年中美贸易差额统计对比

由第三国转口到中国的货物不计入美国对中国的出口，但中国则计入；而中国经由香港地区、东南亚国家转口到美国的货物，中国不计入对美国的出口，而美国计成了自中国的进口。由于双方都难以对转口贸易进行合理统计，因此，这样累积起来的偏差就非常大，导致两国在贸易差额的归属上存在分歧，根据中国海关统计，从 1979—1992 年中国对美国贸易一直处于逆差状态，直到 1993 年后才开始出现小幅顺差。美国的统计结论恰恰相反，根据美国商务部与美国国际贸易委员会资料，美国自 1983 年以来，对华贸易就一直处于逆差状况，到 1987 年逆差额开始不断扩大，美方认为这一阶段贸易差额归属在中国。这样两国不但对贸易差额的归属认识不一，而且对贸易差额的规模认识也不一致（见表 2-4、图 2-3）。随着贸易规模的扩大，双方统计的差距也日益扩大。尽管双方在贸易差额的规模和归属上存在争议，但由于当时的中美贸易在美对外贸易中所占比重和地位有限，因此美国政府虽然有能力厘清贸易差额分歧产生的原因，但由于中美贸易不被美国政府看重，美国政府没有着手厘清贸易差额分歧产生的原因；而中国政府虽然想要厘清贸易差额分歧产生的原因，但又因对外开放时间不长，贸易经验积累有限，没有能力厘清。

表 2-4　1983—1992 年中美贸易差额的演化　　(单位:亿美元)

年份	美方统计			中方统计			双方差额统计差距
	对中出口额	自中进口额	贸易差额	对美出口额	自美进口额	贸易差额	
1983	21.6	24.8	-3.2	17.1	23.2	-6.1	9.30
1984	30	33.8	-3.8	22.1	36.6	-14.5	18.30
1985	38.56	38.62	-0.06	26.2	43.7	-17.5	17.56
1986	31.06	47.71	-16.65	26.2	47.1	-20.9	37.55
1987	34.97	62.94	-27.97	30.3	48.3	-18	45.97
1988	50.22	85.11	-34.89	33.8	66.3	-32.5	67.39
1989	57.55	119.90	-62.35	43.9	78.6	-34.7	97.05
1990	48.06	152.37	-104.31	51.79	65.88	-14.09	118.43
1991	62.78	189.69	-126.91	61.59	80.08	-18.49	145.40
1992	74.19	257.28	-183.09	85.94	89.01	-3.07	186.16

资料来源:中国的统计来自历年统计年鉴,美国的数据来自美国商务部网站 http://www.commerce.gov/。

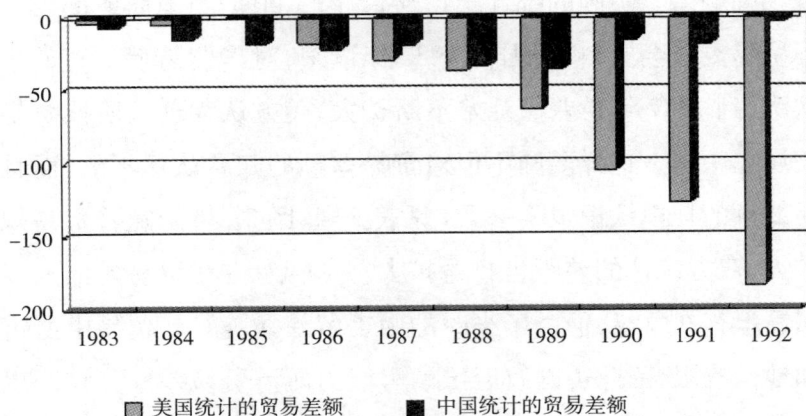

图 2-3　1983—1992 年中美贸易差额统计对比

　　第三阶段:中国小幅顺差阶段(1993—2001 年)(见表 2-5、图 2-4)。在"复关"与"入世"的谈判过程中,中国的经济体制逐步走向与世界经济的融合。1992年10月,党的十四大召开,正式确立中国经济体制改革的目标是建立社会主义市场经济体制。社会主义市场经济体制战略目标的确立,极大地调动了各地方、各部门、各行业、各企业和全国人民大众投身社会主义建设的热情和积极性,经济发展的动力和活力被激活,各地出台了许多土地、税收等招商引资方面的优惠政策,中国经济的对外开放程度不断扩大;再加上国内庞大的市场容量、低廉的劳动力价格和环境使用代价低,又适逢遭遇新一轮产业国际转移浪潮,外资企业在中国政策利好下蜂拥而入,加工贸易崛起,中国出口能力不断增强。这一阶段出口美国市场排在前三位的分别是第七类机械及运输设备、第八类杂项制品和第六类轻纺产品、橡胶制品、矿冶产品及其制品。这些商品主要是劳动密集型产品,是美国很少生产或基本不生产的商品。而当时的美国正处在新经济成长阶段,美国新经济发展的主要特征是以信息技术和高新产业为主,产品科技含量高。美国产品供给与中国市场需求之间存在错配;另外美国长期把中国作为内控对象,实施对华出口限制政策,对美国扩大出口形成制约。在中美双边货物贸易领域,一方面,中国通过经济体制改革,不断提高经济和贸易的市场化、国际化程度,尽力释放比较优势;另一方面,美国却沿袭了对华贸易限制政策思维,从巴统到瓦协,美国一直在人为地限制其对华贸易的市场化程度提高,限制了自身比较优势和竞争优势的发挥,对彼此通过互惠贸易、实现双赢格局的经济福利进行挤压。这一阶段,中国出口生产能力的快速增长使中国成为贸易差额的获得者。但需要指出的是,双方对差额的规模认定存在较大的差异。美方认为中国在这一时期获得的贸易差额迅速上升,中方则认为在这一时期贸易差额缓慢归属中国。双方这一时期对中国加入世贸组织谈判的关注,远超对贸易差额规模的关注。

表 2-5　1993—2001 年中美贸易差额的演化　（单位：亿美元）

年份	美方统计			中方统计			双方差额统计差距
	对中出口额	自中进口额	贸易差额	对美出口额	自美进口额	贸易差额	
1993	87.63	315.40	-227.77	169.6	106.9	62.7	165.07
1994	92.82	387.87	-295.05	214.6	139.7	74.9	220.15
1995	117.5	455.43	-337.9	247.1	161.2	85.9	252.0
1996	119.9	515.13	-395.2	266.8	161.5	105.3	289.9
1997	128.6	625.58	-496.96	326.9	163.0	163.9	333.06
1998	142.4	711.69	-569.27	379.8	169.6	210.2	359.07
1999	131.1	817.88	-686.77	419.5	194.8	224.7	462.07
2000	161.9	1000.2	-838.3	521.0	223.6	297.4	540.9
2001	191.8	1022.8	-831.0	542.8	262.0	280.8	550.2

资料来源：中国的统计来自历年《中国统计年鉴》，美国的数据来自美国商务部网站 http://www.commerce.gov/。

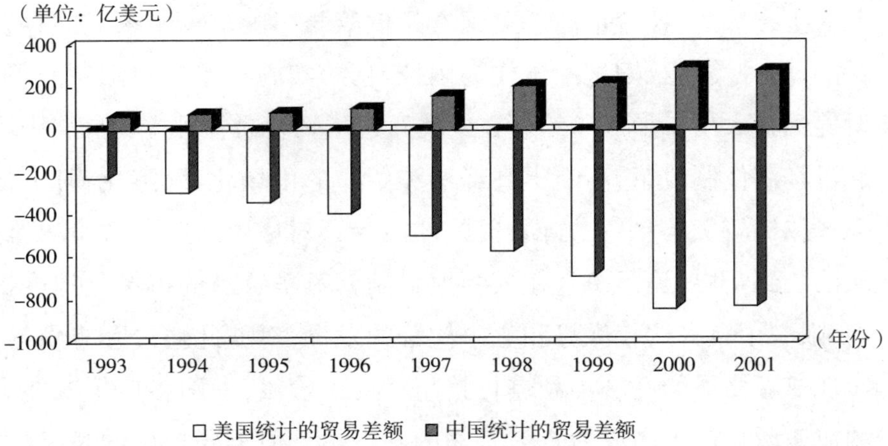

（单位：亿美元）

图 2-4　1993—2001 年中美贸易差额统计对比

　　第四阶段：中国贸易顺差快速增长阶段（2002 年至今）。中美贸易差额随着两国贸易规模的扩大而不断增加，尽管存在统计上的偏差，但美国对华贸易逆差不断扩大也是一个客观事实（见表 2-6、图 2-5）。近年来中美贸易差额日益增大是多方面原因造成的，但根本原因是中国粗放型对外贸易发展方式带来的结果。中国充分发挥劳动力和资源比较优势,积极吸引外资,进口中间产品,在中国加工组装后以最终产品形式出口欧美市场,成为全球大量出口最终产品的国家。在现行的以最终产品生产国作为原产地的国际贸易统计体制下,由于无法剔除中间品贸易、跨国公司在华的出口以及中国承接外资企业外包增加的出口,中国贸易差额迅猛增加。这种现象的出现,是中国以劳动力比较优势融入全球生产链分工的必然结果。此外,美国多年来一直对华实行高技术出口管制政策,对具有很大竞争力的技术密集型产品、高科技军事技术采取"平衡性限制"政策,除了波音飞机鼓励出口外,对其他高新技术产品极力控制对中国出口,削弱了美国的出口竞争优势,人为地扩大了双边的贸易差额,影响了中美贸易的健康发展。尽管双边贸易差额存在统计差距,但两国的统计都显示出中国贸易顺差单边、持续、迅速地上升态势。

表 2-6 2002—2013 年中美贸易差额的演化 (单位:亿美元)

年份	美方统计			中方统计			双方差额统计差距
	对中出口额	自中进口额	贸易差额	对美出口额	自美进口额	贸易差额	
2002	221.3	1251.9	-1030.6	699.6	272.3	427.3	603.3
2003	283.7	1524.4	-1240.7	924.7	338.6	586.1	654.6
2004	347.2	1967.0	-1619.8	1249.1	446.8	802.3	817.5
2005	418.74	2446.99	-2028.25	1629.00	487.26	1141.73	886.52
2006	548.13	2892.46	-2344.33	2034.72	592.09	1442.63	901.7
2007	643.53	3229.75	-2586.22	2327.04	693.79	1633.25	952.97
2008	714.6	3377.9	-2663.3	2523.84	813.60	1710.24	953.06
2009	695.8	2964.0	-2268.3	2208.00	774.00	1434.00	834.3
2010	918.8	3649.4	-2730.7	2832.87	1020.99	1811.88	918.82
2011	1038.8	3993.6	-2954.6	3244.53	1221.29	2023.24	931.2
2012	1105.9	4256.4	-3150.5	3517.96	1328.86	2189.10	961.4
2013	1220.2	4404.3	-3184.2	3684.06	1523.42	2160.64	1023.56

资料来源:中国的统计来自历年《中国统计年鉴》,美国的数据来自美国商务部网站 http://www.commerce.gov/。

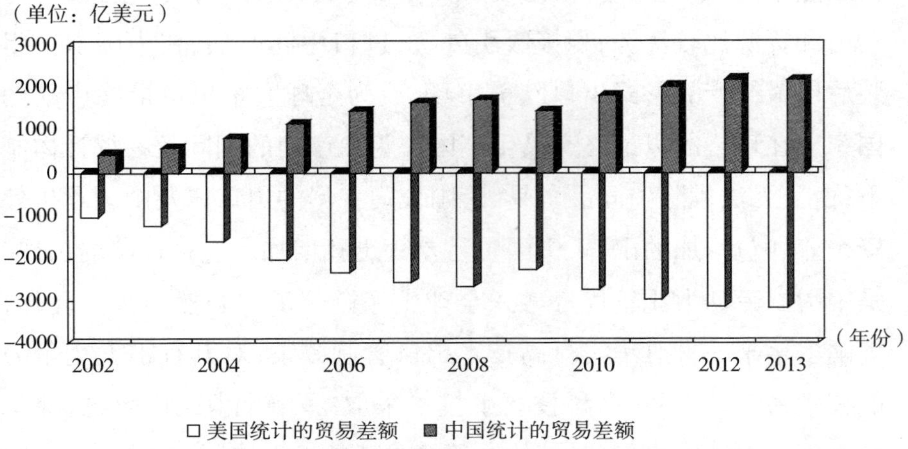

（单位：亿美元）

□ 美国统计的贸易差额　■ 中国统计的贸易差额

图 2-5　2002—2013 年中美贸易差额统计对比

三、中美货物贸易的商品结构

国际上为便于对世界贸易进行统计和分析，由联合国统计委员会于 1950 年制定完成《国际贸易标准分类》（Standard International Trade Classification，SITC）。标准共分 10 个门类，50 个大类，150 个中类和 570 个细类，作为各国际机构进行贸易统计和对世界贸易进行系统分析的共同基础。一国的商品结构可划分为初级产品（SITC 第 0—4 类）和工业制成品（SITC 第 5—9 类）两大类。初级产品具体项目包括：①SITC0：粮食和活动物；②SITC1：饮料及烟类；③SITC2：非食用原料；④SITC3：矿物燃料；⑤SITC4：动植物油脂等 5 类产品。工业制成品包括：①SITC5 化学品及有关产品；②SITC6：轻纺产品、橡胶制品及矿冶产品；③SITC7：机械及运输设备；④SITC8：杂项制品；⑤SITC9：未分类的其他商品。

（一）中国对美国出口商品结构变化情况

考察 1990—2014 年中国对美国出口商品结构变化情况，发现以 2001 年中国加入世界贸易组织为分界，2001 年之前，中国对美国出口额前五位的商品大类依次为8类、7类、6类、5类、0类：即以家具、玩具为主的杂项制品，主要为通信设备和家用电器，以电视机、收录音机、微波炉和家用电动器具为主的机械及运输设备，以纺织原料及纺织制品，已加工的羽毛及其制品，贱金属及其制品以及鞋、帽、伞为主的轻纺产品，化学品及有关产品以及粮食和活动物（见表2-7）。2002—2014年，中国对美国出口商品额前五位的商品大类发生变化，分别为：机电产品；以家具、玩具为主的杂项制品；纺织原料及纺织制品；贱金属及其制品；鞋、靴、伞等轻工产品。国响应世界贸易组织以后，机电产品成为第一大类出口产品，所占比重不断提高，2014年，机电产品占比49.8%，出口额占对美出口总额的近一半；家具、玩具、杂项制品为第二大类出口商品，占比10.9%；纺织类商品为第三大类出口商品，占比8.8%。出口额排前五位的商品主要分为两大类：一类是传统的劳动密集型产品，如纺织类制品、贱金属、塑料、橡胶及其制品和家具、玩具等；另一类为资本、技术密集型产品，如机电产品。中国出口到美国的机电产品主要为通信设备和家用电器，如手机、组装电脑、电视机、空调器、微波炉、洗衣机、冰箱和家用电动器具等，出口的机电类产品大多为低技术产品，高技术类所占比重不高。

表 2-7　1990—2009 年中国对美国出口商品结构

（单位：亿美元）

年份	出口额	0类	1类	2类	3类	4类	5类	6类	7类	8类	9类
1990	51.75	3.70	0.09	1.78	6.77	0.01	3.09	9.75	4.93	21.63	0.01
1992	85.99	4.71	0.19	1.50	5.32	0.01	4.42	13.85	11.30	44.40	0.30
1994	214.75	4.68	0.11	2.27	3.65	0.02	6.37	23.75	49.19	124.38	0.33
1996	267.06	5.56	0.15	3.03	4.79	0.04	9.51	31.71	71.42	140.82	0.03
1998	379.84	6.46	0.25	3.59	3.76	0.09	13.29	48.60	117.62	186.15	0.02
2000	521.56	8.83	0.24	4.48	6.89	0.06	16.52	65.81	182.96	235.60	0.17
2001	543.55	9.56	0.32	4.23	3.73	0.05	18.34	69.04	200.00	238.12	0.14

年份	出口额	0类	1类	2类	3类	4类	5类	6类	7类	8类	9类
2002	700.50	13.31	0.33	4.73	3.81	0.06	22.26	90.39	286.82	278.66	0.12
2003	926.26	17.68	0.31	5.32	5.10	0.08	27.25	115.24	429.70	325.46	0.13
2004	1251.49	19.38	0.31	7.23	8.97	0.11	35.06	170.03	615.72	394.22	0.45
2005	1631.80	24.37	0.24	9.58	10.91	0.16	47.95	226.99	798.32	512.25	1.04
2006	2038.01	33.05	0.28	11.11	14.46	0.18	56.63	303.61	1017.55	599.90	1.24
2007	2331.69	39.71	0.40	11.48	12.93	0.25	66.04	330.39	1158.20	710.75	1.53
2008	2528.44	45.75	0.36	14.28	23.62	0.33	95.77	341.80	1240.23	764.25	2.05
2009	2146.69	42.65	0.33	9.36	4.08	0.39	76.73	264.61	1047.30	699.43	1.81

资料来源:根据世界贸易数据库相关数据整理而成。

从表2-7中我们可以看出中国出口美国货物金额中,工业制成品占主要地位,劳动密集型商品成为出口主导商品,机电产品和高新技术产品所占比重不断扩大,而初级产品出口金额相对较小。这说明,中国出口贸易的主体是以一定的加工能力制造出来的产品。在一定程度上说明加工贸易是中国的主要贸易方式之一。

表 2-8　1990—2014 年中国对美国进口商品结构

(单位:亿美元)

年份	进口额	0类	1类	2类	3类	4类	5类	6类	7类	8类	9类
1984	38.71	7.30	0.34	5.35	0.07	0.00	9.17	2.02	11.32	2.75	
1988	66.49	7.72	1.41	10.09	0.42	0.04	21.15	3.71	18.19	3.73	0.02
1990	65.71	7.49	0.30	9.62	0.47	0.02	15.43	4.12	24.59	3.65	0.02
1992	89.01	5.97	0.30	8.23	2.75	0.14	18.92	8.86	37.46	6.01	0.37
1994	138.94	4.78	0.04	12.18	1.70	1.08	19.91	11.83	78.06	8.56	0.80
1996	161.55	9.14	1.33	20.39	1.21	0.53	28.60	17.21	71.39	10.95	0.79
1998	168.83	6.29	0.19	16.31	1.85	2.69	30.10	16.90	82.28	11.06	1.15
2000	223.75	8.87	0.11	31.07	1.15	0.62	33.94	18.35	108.97	19.13	1.63
2001	262.17	9.47	0.08	34.77	1.16	0.22	33.51	16.35	138.01	27.04	1.55
2002	272.61	10.33	0.08	34.96	1.70	0.37	42.20	17.36	137.31	26.47	1.84
2003	339.44	13.02	0.14	61.86	2.60	0.82	56.46	25.82	143.18	33.71	1.84

年份	进口额	0 类	1 类	2 类	3 类	4 类	5 类	6 类	7 类	8 类	9 类
2004	447.48	16.71	0.42	98.58	3.49	0.15	68.19	27.43	189.70	42.19	0.61
2005	411.92	11.29	0.16	99.31	1.34	0.22	54.63	30.91	179.43	30.71	3.93
2006	536.73	14.16	0.82	137.16	2.06	0.67	62.47	37.60	239.12	37.80	4.86
2007	629.37	19.49	0.93	165.28	2.98	1.66	84.09	41.81	267.36	40.21	5.55
2008	697.33	23.20	1.45	200.35	4.45	1.74	92.67	50.18	269.98	46.59	6.73
2009	694.97	24.44	1.69	209.70	5.30	0.69	100.42	41.58	257.58	47.68	5.90
2010	919.11	32.04	2.06	274.98	13.53	4.27	126.59	50.22	338.35	64.01	13.07
2011	1041.21	49.10	1.92	323.64	20.36	1.83	143.80	54.01	364.69	71.36	10.49
2012	1105.15	63.76	2.17	354.91	24.36	3.42	132.69	57.23	377.09	81.07	8.43
2013	1217.36	84.99	2.94	325.80	28.07	1.71	134.48	59.73	475.68	87.65	15.30
2014	1240.24	72.99	3.37	313.81	17.89	1.16	137.45	64.31	526.45	88.47	13.89

资料来源:根据 UN-Comtrade 数据库相关数据整理而成。

(二)中国对美国进口商品结构变化情况

从表 2-8 中可以看出,中国从美国进口商品总额增长很快,进口总额从 1984 年的 38.71 亿美元增长到了 2014 年的 1240.24 亿美元,31 年间增长了 32 倍。考察 1990—2012 年中国对美国出口商品结构变化情况,发现以 2011 年为分界。2011 年之前,中国对美国进口额前五位的商品大类依次为 SITC7 机械及运输设备、SITC2 非食用原料、SITC5 化学品及有关产品、SITC6 轻纺产品、橡胶制品、SITC0 粮食和活动物类;2011 年美国出口商品结构发生了较大变化,出口额前五位的商品分别为机电产品、植物产品、运输设备、化工产品、贱金属及制品。据美国商务部最新数据显示,2014 年美国对中国出口额前三位的商品是机电产品、运输设备和植物产品,它们分别占比 19.3%、18.9% 和 14.0%。这三类商品占美国对中国出口份额的一半以上。近几年来,美国对中国出口商品结构变化呈现出以下特点:

其一,2001 年中国加入世界贸易组织之前,美国对中国出口的机电产品一枝独秀,所占比重为 52.67%,而近年来虽然美国机电产品出口仍居首位,但比例呈现出逐年下降的趋势,与非食用原料类出口产品的差距逐渐缩小,形成出口各领风骚的格局。

其二,近五年来数据显示,美国出口中国前五位商品除植物产品外,其他都为资本、技术密集型产品,主要是机电产品、运输设备和化工产品。美国在生物技术、高新材料、光电技术、武器和核技术上对中国实施严格的出口管制,尤其是在武器和核技术出口上,远低于对日本的出口额。而在电子产品和航空航天民用技术领域美国对中国的出口管制则相对宽松(基本趋势可见图 2-6)。

(单位:亿美元)

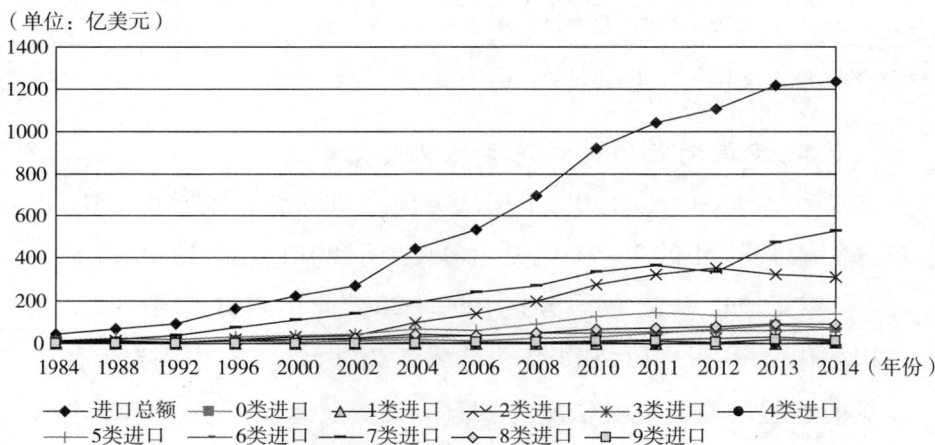

图 2-6　1984—2014 年中国自美国进口商品结构

这里需要说明的是,虽然对第七类商品即机械及运输设备进出口数据显示中美两国相互出口,但两国商品出口性质完全不同,美国出口的机械及运输设备商品的生产侧重于资本和技术属性,属于资本、技术密集型产品,而中国机械及运输设备商品的生产侧重于加工组装,属于劳动密集型产品。中国大量出口机械及运输设备主要是由于发达国家企业向中国转移低技术含量、低附加值的加工、组装生产环节带来的结果。值得注意的是,中国的 SITC7 类机械及运输设备贸易,从1980—2003年这二十多年时间里一直处于逆差的态势,但到2004年一举扭转态势,出现了156.67亿美元的顺差。中国机械及运输设备由逆差转为顺差,主要是因为这几年中国自身机械工业的快速发展,同时由于,一些国际机械工业跨国公司实施国际间产业转移策略,加大了在中国的投资生产。对于机械及运输设备的大量出口和贸易顺差,我们应该有清醒的认识,即中国并没有掌控机械及运输设备的一些核心技术,这部分产能依然是中国的薄弱环节,中国在机械及运输设备的生产中主要充当着加工组装的角色,获取少量的加工费用,产品的大部分附加值和利润依然牢牢控制在跨国公司手中。

　　中美两国由于要素禀赋差异,在劳动力、资本、自然资源等方面存在着价格差异。美国资本充裕、技术先进,积聚了大量的资本、技术、管理、人才、信息等资源优势,主要从事高技术产品和高端制成品等技术密集型产业的生产,主导了全球价值链中较高端的产品研发、创意设计、品牌运营等资本、技术密集型环节的活动。这些技术与市场环节竞争程度低、进入壁垒高、可替代性小、价值增值空间大;反观中国,劳动力供给充足,平均工资水平较低,再加上地方政府招商引资出政绩的渴望,在土地和自然资源使用成本以及税收、环境保护方面,给予外资企业许多优惠的国民待遇甚至是超国民待遇。根据中国劳动力、土地和环境使用代价低的比较优势和现实条件,跨国公司往往会将一些劳动力密集的加工组装生产环节布点在中国完成。中国本土企业往往会采取"低环嵌入"的方式,融入到跨国公司主导的全球价值链生产分工体系,在其中从事加工、制造、组装等劳动密集型环节的活动。中国出口企业产品主要集中在轻纺、服装、鞋帽、玩具、家具、家电、机械制造等劳动密集型低端产业方面,并形成了加工制造业的全球竞争力,中国甚至因此被称为"世界加工厂"。劳动密集型环节技术含量低、进入壁垒低、替代性强、附加值低、竞争激烈、获利微薄。这样,中美商品生产完全是在两个不同的层面上满足人们的消费需求,形成了中美货物商品结构很强的贸易互补性。

四、中美商品贸易的结构特征

(一)中国初级产品对美国的贸易逆差较大,矿物燃料资源大量出口美国

从中美1990—2014年的贸易数据看,尽管中国得自美国的贸易顺差呈现出逐年加大的态势,但在初级产品出口上中国一直处于逆差状态,逆差额主要来自饮料及烟类、非食用原料(燃料除外),动、植物油脂及蜡。其中,最主要的进口产品是动物皮毛、棉麻、金属原料、植物、矿产材料、大豆、棉等非食用原料,仅大豆、棉麻、动物皮毛三种产品就占中美贸易初级产品逆差的40%以上。在初级产品中,中国只在矿物燃料方面连年顺差,出口美国最多的矿物燃料是石油原油、焦炭、煤炭等化石类能源产品,几乎占矿物燃料产品贸易顺差的全部。

(二)中国制造业对美贸易顺差大,加工贸易顺差占据半壁江山

按照SITC分类,中美贸易十类产品中,中国在饮料及烟类、非食用原料类、动植物油脂类、化学品及有关产品类以及未分类的其他商品这五类商品上处于逆差,在粮食和活动物类、矿物燃料类、轻纺产品、橡胶制品及矿冶产品类、机械及运输设备类、杂项制品类这五类产品上处于顺差,其中顺差最大的是机械及运输设备和杂项制品。这两类产品贸易顺差之和占中美贸易顺差额的九成以上。其中,机械及运输设备产品集中在数字挖掘机、电子储存器、无线电传送器、录音机及配件,占中美机械及运输设备类产品贸易顺差的60%以上;杂项制品顺差主要集中在家具、皮鞋、运动鞋、运动用品和玩具上。中美贸易顺差主要来自工业制成品,而无线电传送器、电子储存

器、数字产品等出口中又有80%以上来源于外商投资企业主导的加工贸易。

（三）中国出口美国产品易受国际经济环境的影响

2007年国际金融危机爆发，对中美贸易影响较为明显，体现在金融危机后几年中国对美出口贸易额明显下降。而中国进口商品，受国际金融危机的影响较少，仅饮料及烟类、化学品及其相关产品的进口下降较为明显，其余产品进口量减少不明显，而饮料及烟类产品贸易额危机前在总贸易额中所占比重很少。因而国际金融危机对美国出口中国的产品影响不明显；反观中国向美国出口的产品，则受国际金融危机影响大。其中，受影响出口额降幅最大的是轻纺产品、橡胶制品、矿冶产品及其制品，降幅高达27%，其次为机械及运输设备和杂项制品，出口额下降11%和8%。由此可见，中国出口美国的产品多是需求弹性较大的非必需品，出口稳定性差。

（四）出口激增和进口抑制两方面共同作用引起中国外贸顺差激增

自2001年中国加入世贸组织以来，中国在高新技术方面的机械及运输设备类产品和中高技术类杂项制品上出口快速增长，再加上低技术类的轻纺产品、橡胶制品及矿冶产品的出口也有显著增长，导致中国对美贸易顺差急剧扩大，贸易失衡问题变得异常突出和严峻。而由于美国在高技术产品上对中国设置了出口管制政策，中国对该类产品的进口增加并不明显，因此出口激增和进口抑制两方面综合因素共同作用引起中国对贸易顺差急速增加。

五、中美贸易方式和企业性质结构

（一）中美贸易方式结构

国际贸易常用的方式主要有一般贸易和加工贸易。自改革开放以来，中国政府实行了一系列优惠的招商引资政策，再加上国内源源不断的廉价劳动力供给,低廉的土地出让成本和环境使用代价低,吸引了大量的外资企业来华投资设厂,这些外资企业在华大部分从事加工制造业,致使中国加工贸易异军突起,发展速度非常快。加工贸易往往以"大进大出"为特点,从国外市场进口大量加工贸易所需的零部件,出口大量的制成品。这种类型的外资企业主要是将本国发展成熟的产业、夕阳产业或者高技术含量产业(如 IT 产业)的加工环节转移到中国,利用中国廉价的劳动力和资源降低产品的成本,维持并扩大国际市场份额。

1979—2013 年,中国加工贸易出口从 2.35 亿美元增至 8608.2 亿美元,是 1979 年的 3663 倍;加工贸易进出口额占进出口总额的比重也从 1979 年的 1.5%增至 2013 年的 32.6%。这还是中国政府提出稳增长、调结构外贸政策下加工贸易出口占比。从 1996 年到 2007 年金融危机爆发前,加工贸易占总体贸易的比例一直在 50%左右徘徊,所以说加工贸易占据中国出口贸易的半壁江山一点也不为过。

而在中美货物贸易中,从中国对美国出口来看,自 1996 年以来加工贸易出口占总出口的比重畸高,平均在 95%左右,一般贸易和其他贸易出口占总出口的比重就非常低。从进口上看,中国从美国加工贸易进口的比例就非常低,1996 年仅为 11.47%,2007 年才上升为 34.86%。从表 2-9 可以看出,一方面,中国对美国出口的规模越来越大,另一方面,加工贸易出口所占比重远远大于加工贸易进口比重,中美之间的货物贸易失衡越来越大。

表 2-9 中美货物贸易方式　　　　　　(单位:%)

年份	出口			进口			
	加工贸易	一般贸易	其他贸易	加工贸易	外资企业	一般贸易	其他贸易
1996	92.87	3.52	3.61	11.47	8.41	33.86	46.26
1997	93.16	3.48	3.36	17.34	10.04	36.69	35.92

续表

年份	出口			进口			
	加工贸易	一般贸易	其他贸易	加工贸易	外资企业	一般贸易	其他贸易
1998	92.71	3.42	3.87	23.38	4.89	43.95	27.78
1999	92.07	4.44	3.49	19.09	3.07	34.74	43.11
2000	93.43	5	1.57	18.15	6.99	52	22.86
2001	94.56	3.77	1.67	16.97	5.72	56.62	20.69
2002	95.79	2.46	1.75	24.08	7.11	49.97	18.85
2003	96.52	1.91	1.57	24.06	7.96	47.91	20.07
2004	96.43	1.69	1.88	29.73	13.53	7.81	18.96
2005	96.61	1.66	1.73	32.95	7.02	37.84	22.19
2006	95.81	2.06	2.13	35.51	8.83	28.36	27.3
2007	95.24	3.48	1.28	34.86	9.25	32.95	22.94

资料来源：根据中国海关统计年鉴整理而成。

（二）中美贸易企业性质结构

从中国对美国出口企业的性质来看，国有企业出口比重一直呈现下降趋势，从1996年的57%下降到2007年的18.6%，而外资企业出口所占比例从1996年的40.6%增加到2007年的57%，私有企业从无到有，所占比例大幅增加，从1998年的0.1%增加到2007年的20.5%，成为增幅最大的企业类型。在中美贸易中外资企业占很大比重，从表2-10中我们可以看出，1996—2007年，中国出口额增长了8.73倍，但其中44%都是外资企业贡献的。特别是在出口增长快、技术含量相对较高的机电产品、高技术产品出口中，外资企业占据的比重很高。

表2-10 中国各类出口企业对美国商品出口的比例 （单位：%）

年份	国有企业	合资企业	独资企业	集体企业	私有企业
1996	57	24.9	15.7	2	0
1997	56	23.9	17.1	2.5	0

续表

年份	国有企业	合资企业	独资企业	集体企业	私有企业
1998	52.6	24.1	20	2.9	0.1
1999	50.5	23.2	22.2	3.5	0.3
2000	46.7	24.2	23.8	4.2	1.0
2001	42.6	24.1	25.9	5.3	2.0
2002	37.7	22.7	29.5	5.8	4.2
2003	31.5	21.5	33.3	5.7	7.9
2004	25.9	21	36.1	5.41	1.7
2005	22.2	19.9	38.4	4.8	14.7
2006	19.7	18.7	39.5	4.2	17.8
2007	18.6	17.9	39.1	3.9	20.5

资料来源:转引自孟祺:《垂直专业化和中美贸易不平衡》,南京农业大学博士学位论文,2009年,第39页。

目前跨国公司是中国出口的主导力量。在全球价值链条的形成上,由于中国主要从事的是加工组装环节,仅仅是赚取一些微薄的加工费用,获得的贸易利益非常有限,而这微薄的贸易利益还在很大程度上有赖于跨国公司在华投资,使中国能够以劳动力比较优势融入国际分工,成为跨国公司全球生产网络体系中的一个组成部分,从事加工贸易,获取微薄的贸易利益;而发达国家的跨国公司掌控了核心技术和营销渠道,处于产业价值链的高端,占据的是附加值高的环节,获利情形截然不同,不但可以获得分工利益,而且可以利用垄断优势获得超额的贸易利益。

美国通过资本输出,将它以前对中国的商品输出转化为在中国就地生产,就地销售,同时它在华的跨国子公司在中国完成最后的加工组装环节后再出口到美国,不但减少了其对中国的商品出口,相反美国跨国公司在中国生产的商品返销美国还增加了中国对美的出口,美国在获得高附加值、高投资回报的同时却成了贸易逆差国,无疑极大地虚增了中国的贸易利益。

第三节　中美双边服务贸易发展的现状和特征

与货物贸易相比,服务贸易出现得较晚。"服务贸易"作为一个独立的经济学概念是在 1972 年由经济合作与发展组织(OECD)首次在文献中正式提出。国际货币基金组织在进行各国国际收支统计时一直把服务贸易列入"无形贸易"栏中,直到 1993 年才作出了调整,"服务贸易"正式从"无形贸易"中独立出来。

国际分工和对外经济交流是国际服务贸易产生和发展的基础。20 世纪 80 年代以来,世界服务贸易迅猛发展,在国际贸易中的地位发生了深刻的变化。服务业和服务贸易不仅渐渐成为促进国民产出总量增长和国民经济效率提高的主导力量,而且也成为未来国际市场竞争的核心,服务业竞争力的高低昭示着一国未来对外贸易的前景,国际贸易竞争的重点也开始由货物贸易逐步转向服务贸易。

中国过去曾长时期称服务贸易为劳务贸易。改革开放前,除了少数外国友人来华旅游和对外援建项目外,新中国几乎没有对外服务贸易。在中国,由于服务贸易是个新生事物,且内容极其复杂,目前尚无统一口径的服务贸易统计资料。直到 1998 年,国家统计局才在《中国统计年鉴》中首次正式公布中国服务贸易的统计数字。

中国服务贸易发展起步较晚,与货物贸易相比,服务贸易的规模和国际贸易大国的地位差距较大,不相匹配。美国由于在资本与技术方面的竞争优势,在金融、教育、通信、计算机服务和软件等服务贸易领域一直具有比较优势,在中美服务贸易中,美国一直处于贸易顺差的地位。

一、中美双边服务贸易的现状

同商品货物贸易增长速度相比,中美服务贸易增长速度略高一些,这与其他国家情况类似。由于服务贸易增速高于货物贸易增速,因而它在中美贸易中的比重呈现上升的趋势。

(一)中美双边服务贸易的规模

1999 年,中美双边服务贸易总额 67.39 亿美元,2013 年增长到 520.88 亿美元,15 年间增长了 6.7 倍,占 2013 年中国对外服务贸易总额 5396.4 亿美元的 9.65%。其间,除 2003 年和 2009 年对美服务贸易出口出现了轻微的下滑外,其余年份都保持稳定增长趋势。1999—2001 年,中美服务贸易额从 67.39 亿美元增长到 89.52 亿美元,三年间增长了 22.13 亿美元,年均增长率为 10.95%。2002—2008 年,是中美服务贸易发展较快的时期,贸易额由 2002 年的 103.30 亿美元增长到 2007 年的 249.36 亿美元,净增 146.06 亿美元。金融危机后的 2010—2013 年,中美服务贸易出现了较快增长,2010 年中美服务贸易额为 331.09 亿美元,2013 为 520.88 亿美元,为中美服务贸易额的最高峰值。

从中国对美国的进出口额来看,1999 年中国对美国服务贸易出口额为 27.19 亿美元,2013 年对美国服务贸易出口额增至 143.27 亿美元,增加了 4.26 倍,占 2013 年中国对外服务贸易出口总额 2105.9 亿美元的 6.80%。中国自美国服务进口总额由 1999 年的 40.20 亿美元增加到 2013 年的 377.61 亿美元,增长了 8.39 倍,占 2013 年中国对外服务贸易进口总额 3290.5 亿美元的 11.47%。

总体来看,最近十几年来中美双边服务贸易发展较快,但在双方各自服务贸易中占比并不高,与两国货物贸易的规模不匹配。随着中美双方经济全方位合作的加深,双边的服务贸易规模有望进一步提高。

表 2-11　1999—2013 年中美双边服务贸易　　（单位:亿美元）

年份	中美服务贸易总额	对美服务出口额	自美服务进口额	对美服务贸易差额
1999	67.39	27.19	40.20	−13.01
2000	83.01	32.02	50.99	−18.97
2001	89.52	35.79	53.73	−17.94
2002	103.30	45.09	58.21	−13.11
2003	101.35	42.56	58.79	−16.24
2004	135.52	62.17	73.35	−11.18
2005	155.55	68.57	86.98	−18.41
2006	207.18	101.40	105.78	−4.38
2007	249.36	118.00	131.36	−13.36
2008	267.69	109.24	158.45	−49.22
2009	266.21	95.60	170.61	−75.00
2010	331.09	106.09	225.00	−118.91
2011	402.16	117.81	284.35	−166.54
2012	464.63	133.73	330.90	−197.17
2013	520.88	143.27	377.61	−234.34

资料来源:美国商务部经济分析局,http://www.bea.gov/international/international_services.htm。

（二）中美双边服务贸易规模的增长趋势

自 1999 年以来,除 2003 年和 2009 年中美双边服务贸易总额出现下滑以外,其余年份均呈现增长趋势。1999 年,中国对美国服务贸易出口额为 27.19 亿美元,2002 年增加到 45.09 亿美元,年均增长率为 21.94%;1999 年,中国自美服务贸易进口额为 40.20 亿美元,2002 年增至 58.21 亿美元,增加 18.01 亿美元,年均增长率为 14.93%。2003 年,中国对美国服务出口额由上一年的 45.09 亿美元下滑到 42.56 亿美元,出现了 5.6%的负增长。2003 年,中国自美国的进口额也由上一年的 58.21 亿美元微涨到 58.79 亿美元,涨幅仅为 0.99%。从 2004 年开始到 2007 年全球金融危机爆发前,中美服务贸易又出现了持续增长的态势。

由于受国际金融危机的影响,2008 年和 2009 年连续两年中国对美国的服务出口都出现了下滑。2007 年,中国对美国的服务出口额为 118 亿美元,2008 年下降为 109.24 亿美元,降幅为 7.42%。2009 年,中国对美国出口额继续下降为 95.60 亿美元,同比下滑了 12.49%。反观中国自美国服务贸易进口,由于中国受金融危机的影响相对较弱,2007 年,中国自美服务贸易进口额为 131.36 亿美元,2008 年增长为 158.45 亿美元,增幅为 20.62%。2009 年,中国自美服务进口额继续上升为 170.61 亿美元,同比增长了 7.67%。中国自美服务进口不降反升。

2010 年后中国对美的服务出口额出现了明显的增长,2010 年为 106.09 亿美元,2011 年为 117.81 亿美元,2012 年 133.73 亿美元,2013 年达到 143.27 亿美元。但是,美国对中国的服务出口增长却更强劲。2010 年为 225 亿美元,2011 年,美国对中国的服务出口额为 284.35 亿美元,2012 年 330.90 亿美元,2013 年达到 377.61 亿美元。2010 年,中美服务贸易逆差越过百亿美元,达到 118.91 亿美元,2013 年中美服务贸易逆差越过 200 亿美元,达到 234.34 亿美元,这就导致了中国对美服务贸易逆差的进一步扩大。

二、中美双边服务贸易的平衡状况

当前,中国对美国货物贸易顺差和对美国服务贸易逆差并存。2013 年,中美货物贸易顺差为 3184.2① 亿美元,对美国的服务贸易逆差额为 234.34 亿美元。就数量来说,中美服务贸易逆差仅为中美货物贸易顺差的 7.36%。与巨额的中美货物贸易顺差相比,美中服务贸易逆差其实很小。

从 1999 年至 2007 年,虽然美国对华服务贸易一直顺差,但顺差

---

① 这是美方的贸易差额统计,中方统计为 2160.64 亿美元。

规模并不大。1999 年美国对华服务贸易顺差为 13.01 亿美元,到 2007 年对华顺差也仅为 13.36 亿美元。9 年间任何一年的服务贸易差额从未超过 20 亿美元。从 2008 年开始,美国对华服务贸易顺差开始加速增长。2008 年,美国对华服务贸易顺差额为 49.22 亿美元,比 2007 年增加 35.84 亿美元,增长率为 268.26%。2009 年、2010 年、2011 年、2012 年、2013 年美国对华服务贸易顺差分别为 75 亿美元、118.91 亿美元、166.54 亿美元、197.17 亿美元、234.34 亿美元,年增长率分别为 52.38%、58.55%、40.05%、18.39% 和 18.85%。美国对华服务贸易顺差急剧扩大,对平衡中美货物贸易失衡起着重要作用。

三、中美双边服务贸易的结构

由于美国在资本、技术、信息和管理等要素上比中国更具有优势,中国在劳动力和资源禀赋上更具有优势,因而美国对中国服务贸易出口多侧重于技术和知识密集型行业,而中国向美国的服务出口多侧重于劳动和资源密集型行业。

目前,国际上服务贸易主要有跨境交付、境外消费、商业存在和自然人流动四种提供模式。美国对中国的服务出口主要有利用跨境交付和商业存在两种模式。美对中跨境交付服务贸易出口即直接从美国本土通过电讯、计算机的联网实现,向中国消费者提供法律、管理、信息等专业性服务,以及国际金融服务、国际电讯服务、视听服务等,以获取报酬;美对中商业存在服务贸易出口是指美国在中国境内建立合资、合作或独资的服务性企业,如投资设立银行分行、饭店、零售商店、会计事务所、律师事务所等等,为消费者提供服务,以获取报酬。

从行业结构来看,美国对中国服务贸易领域主要体现在教育、法律、商务、保险、通信、广告、娱乐、远程医疗服务、专利与许可服务、计

算机与信息服务等技术和知识密集型服务业上；中国对美国的服务
贸易领域主要体现在运输、旅游、劳务输出、建筑等传统的劳动和资
源密集型行业。2013 年，美国对中国出口的教育、法律、通信、保险、
金融、会计、咨询、设计、软件等服务贸易额已达到 265 亿美元，占对
中国服务贸易出口额的 70.2%。而中国对美国出口的服务贸易中，
运输、旅游和建筑服务所占的比重也达到 55.5%以上。由此可见，
美国对中国服务贸易出口领域主要集中在知识密集型和技术密集型
行业，而中国向美国服务贸易出口领域多侧重在劳动密集型和资源
密集型行业。中美服务贸易水平差距不仅表现在服务贸易差额上，
更体现在服务贸易结构上。2013 年，中国服务贸易出口仍有约一半
集中在运输、旅游等传统服务业领域，在金融、保险、计算机和信息服
务、通信服务等四类高附加值和高技术含量的服务贸易仅占出口总
额的 7.6%，而美国运输服务、旅游、金融、保险服务、通信、计算机与
信息服务、专利与许可服务、娱乐、商业服务和教育服务等具有很强
的比较优势和竞争力。两国的服务贸易结构具有很大的互补性。

第三章　中美贸易利益分配：
理论机制与模型

　　研究中美贸易利益分配问题,我们首先要在理论机制上探究清楚贸易是如何影响一国福利的。在贸易学说史上,曾经有两个具有代表性的理论,一个是斯托尔珀—萨缪尔森定理(The Stolper-Samuelson Theorem),提出了关税对国内生产要素价格或国内收入分配影响的思想;另一个则是琼斯—尼尔里模型(Jone-Neary Model),又称特定要素模型,认为国际贸易对收入分配的影响主要是因为专门要素的特定性或不可流动性。这些理论对我们今天考察中美贸易利益分配问题仍有重要的启发性意义。在此基础上,本章引入了自由交易的双赢模型、对外贸易的福利增进效应模型和中间品贸易失衡的理论模型。此外,考虑到在中美之间的经贸关系中,中国长期以来向美国出口了大量的劳动密集型产品,而美国则向中国出口了大量的资本和技术密集型产品,因此本章还构建了垂直专业化分工与产业集聚的理论模型,以期为我们深入思考和揭示工序分工条件下中美贸易利益的分配问题提供有益的理论分析框架。

第一节　自由交易的双赢模型

　　研究对外贸易对一国的福利水平的影响,不同的假定条件和不同的角度会使结论非常复杂,但对该问题的分析仍应从最基本、最基础的情形来进行。这种分析有意和无意之中就和政治经济学之父亚当·斯密在分析国际分工的思想逻辑相一致。在亚当·斯密论述到国际分工的好处时,是从家庭手工业分工开始,分析了分工的好处,然后扩展到一个国家,再扩展到国家之间,提出了国际分工的重要性和国际自由贸易的思想。

对外贸易中的贸易是中心词,是一种经济活动方式或形式。对外贸易中的对外则是表示一个方位词,表示贸易的流动方向。"对外"是相对于特定的范围来讲的,是站在一个特定的空间地理、经济地理或政治地理来讲的,通常是一个国家或特殊地区(像中国的港、澳、台等地区)将其和外国或特殊地区的贸易称为对外贸易,而这种贸易如果站在发生贸易的这两个国家或特定地区之外就是国际贸易(international trade),将世界的各个国家作为一个整体来看他们之间的相互贸易就称为世界贸易(world trade)。在讨论对外贸易的时候,地理方位尽管有时不容易清楚界定,但这并不构成理论上的问题。而所有有关对外贸易的理论、思想和政策及其战略措施的实施都和对外贸易概念中"贸易"的认识有关,不过,"对外"的政治含义使对外贸易较之国内贸易的讨论复杂化了。现在区域经济一体化的浪潮不断地将对外贸易纳入到准"国内"贸易当中,逐渐地化解了附加在国际贸易上诸多的非经济因素的阻碍。

贸易的英文单词是 trade,按《简明英汉词典》的解释做名词时是指贸易、商业、交易、生意,进而引申出职业、行业等;做不及物动词时是交易、买卖、经商、对换、购物;做及物动词时是用什么进行交换的意思。由此可见,贸易的本质含义就是买卖或交易。

在商品买卖中,作为卖方之所以以一定的价格(在可以预期的情况下,这种价格代表将来可以买到另一种自己所需要的商品)卖出商品,是因为得到的另一种商品的效用会高于这种商品,否则的话不会进行买卖。在此,就有一个问题,为什么要交换另外一种产品,而不是自己生产另外一种产品,这必然包含着从生产的角度来讲,节约了成本,这种成本就是生产者或购买者对产品效用的评价。从个体角度讲,自由的商品交换意味着效用增加或成本降低。因此,交换对于交换的双方来讲是双赢(two-win)的结局。

作为卖者,即生产者,由于他的生产具有成本低的优势,自己对生产产品的效用评价和市场的评价相比较低,这样,他所接受的价格会低于市场价格。然而,在市场上销售时,他所接受的是市场价格,因此,就会有生产者剩余(producer surplus),见图3-1。

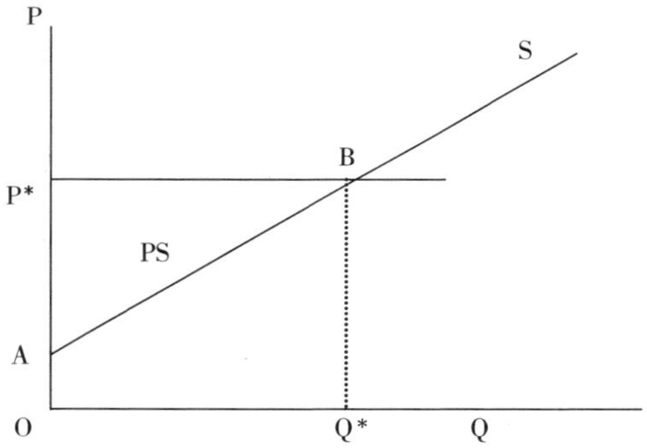

图 3-1　卖者福利水平的增加

在图 3-1 中,卖者对卖出产品的成本或效用评价线为 AS,最终在市场上以 P* 价格卖出数量为 Q* 的产品。这种情况下,卖者的福利水平增加了 PS。PS 的大小即是△ABP* 的面积。

作为买者,即为消费者,由于他不具有该产品的生产优势,对产品的效用评价较高,这样他所接受的价格会高于市场价格,同样,在市场交易的过程中,他接受的是市场价格,从而,导致消费者剩余(consumer surplus),见下面的图3-2。

在图 3-2 中,买者对要买卖产品的成本或效用评价线为 MD,最终在市场上以 P* 价格买来数量为 Q* 的产品。在这种情况下,买者的福利水平增加了 CS。CS 的大小即是△MNP* 的面积。

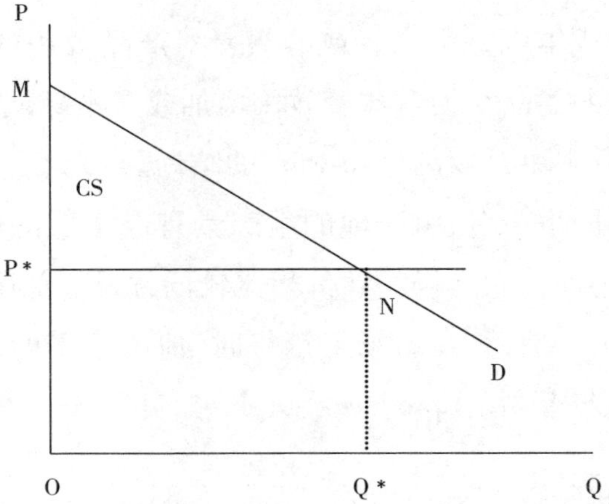

图 3-2　买者福利水平的增加

从这种交换的意图和意义来看,双方是否发生买卖交易取决于是自己自给自足的生产划算还是利用自己生产某种产品来交换别人生产的某种产品划算的比较。从这个角度来讲,任何产品的垄断地位也是有潜在的竞争对手,就是消费者本身。当消费者不能忍受垄断价格的时候,就会自己生产来替代市场交易。

由以上分析可见,市场交易是"双赢"的局面,社会中一个富有经济理性的个体,无论作为生产者还是消费者都会理性地遵循该原则。该原则同样适用于作为创造财富的本国企业,然而,由于中国长期的计划经济体制的惯性和无形的影响,有些企业有意无意中追求"大而全"和"小而全",只要觉得有利润就将不一定是自己最适合的环节或零部件等全部自己生产,而不是从交换效用增加的经济学角度来分析和决策。这实际上涉及了企业内部资源合理配置问题,分散于自己不是最有优势的产品的生产上,便是降低了资源的使用效率。

从贸易增进福利水平的角度讲,这种增进福利水平的最大化和根本保证就是让贸易在自由、顺畅和更广大范围内进行。贸易的主体可以由个体扩展到企业和国家,贸易的范围可以由产业存在的地区市场,扩展到国内市场,再进一步扩展到世界市场,因此,世界范围内商品的自由贸易必然给贸易的双方带来福利水平的提高。

为了保证实现贸易增进的福利水平和贸易的顺利开展,从经济角度分析,国家应该通过法律和规章制度以及严格的执法来客观、公正地保护作为贸易的生产者和消费者的利益。的确,在一个国家内部,尤其是市场经济国家在自由放任和极其有限的宏观调控经济政策中,保护了自由贸易的进行。但是,当贸易从主体和范围上超越国家之后,贸易福利考察的内容、范围和重心随之发生了变化,呈现出高度的复杂性。从因素变动的角度分析,这完全是由于国家利益的出现所导致的。为此,出现了站在一国利益的角度对对外贸易利益的考察和分析。这时便需要分析国内市场不同条件下,对外贸易利益的正负性、数量性和分配性等问题。

第二节 对外贸易的福利增进效应模型

一、从交易者的角度对对外贸易福利效应的局部均衡分析

无论是国内贸易还是对外贸易,也无论是自由贸易还是保护贸易,只要商品的贸易在国家之间发生,那么相对于不发生对外贸易的完全封闭经济(closed economy)或自给自足(autarkic economy)的经济来讲,如果仅从参与对外贸易的主体的角度进行福利分析,无疑会导致他们福利水平的增加,这既可以从前面的论述中得出这个结论,同时还可以进行具体的分析。

在这里我们假定有三种情况:第一种是完全封闭经济的情形;第二种是完全开放的自由贸易情形;第三种是有保护的开放贸易情形。

下面就此进行贸易福利的分析和比较。

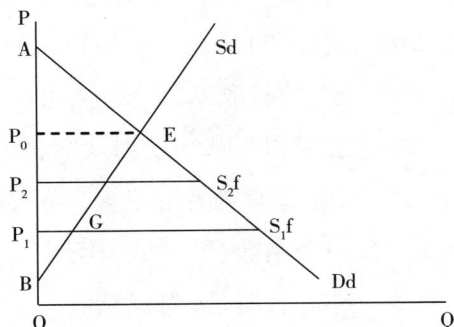

图 3-3　从消费者角度对对外贸易进行福利比较分析

在图 3-3 中,国内在这种产品上的供给曲线和需求曲线分别是 Sd 和 Dd,其国内均衡点在 E 处,此时价格为 P_0。在封闭经济条件下,虽然没有对外贸易,但仍然会进行国内贸易。国内贸易的结果显示:国内对该种产品的消费者从交易中获得的福利或消费者剩余是 $\triangle AEP_0$ 的面积;而国内该种产品的生产者从交易中获得的福利或生产者剩余是 $\triangle P_0EB$ 的面积。国内该种商品贸易的结果是福利增加,增加的福利水平既体现在生产者方面又体现在消费者方面。

现在假定该国实施贸易自由化战略即发生对外贸易,一种情况是贸易完全自由化,没有任何的关税和非关税壁垒,并假定没有运费等一切交易费用,此时,国内的市场价格完全等同于世界市场价格即为 P_1。假定该国在该种商品上处于进口国的地位,此时,对于该国的消费者来讲,可以以相对于封闭经济条件下更低廉的价格消费到该种产品,但从交易者此时为该国的消费者角度讲,福利水平和封闭经济条件下相比增加了,增加的量就是消费者剩余的增加,用梯形 $P_0ES_1fP_1$ 的面积来表示。

如果该国实施一定程度上的保护贸易,假定征收一定量的关税,则此时国内市场上该产品的价格会高于完全自由贸易时的价格 P_1,

而低于封闭时的价格 P_0,即为 P_2。同理,该价格下国内消费者的福利水平和封闭时相比增加了相当于梯形 $P_0ES_2fP_2$ 的面积。

由以上分析得知,只要该国在自由市场经济条件下,进行了对外贸易,作为交易者就会得到福利水平的提升。只不过相对于封闭经济而言,该商品交易在国内只体现为消费者或生产者一方(当该商品的交易是国内生产者处于出口地位时)福利水平的提高,福利水平提高的程度随着贸易自由化的不同程度而不同。随着国家贸易自由化的深入,贸易带来的福利水平提高在增加,如果贸易保护程度上升,交易者的福利增加幅度在下降,直至贸易保护的最高限度使得外来商品的国内价格等于或高于国内市场的价格,此时,交易者的福利增加为零。由此,一国的交易者可以在封闭经济国内交易得到的福利水平的基础上,还可以通过扩展交易的范围跨越国界来增加福利,其福利增加的区间范围是从国内到世界范围内实现的完全自由贸易时的最高水平。

对于从交易者主体生产者的角度进行对外贸易福利水平的比较分析和上面的分析相类似。

在图 3-4 中,假定在某种商品上,该国生产者具有价格优势,处在出口者的地位。当该国在封闭经济条件下,国内该产品的均衡点在 E 点,均衡价格为 P_0。反映生产者利益的生产者剩余为 $\triangle P_0EA$ 的面积。现在假定开展国际贸易,但是其他国家对贸易实行一定的限制,即实行贸易保护。由于贸易保护使消费者的需求量减少,从而,使该生产者的销售量和价格虽然和封闭经济下有了大的增加,假设只是增加到了 P_1 水平,这时,生产者剩余已由原来的 $\triangle P_0EA$ 的面积扩大到 $\triangle P_1S_1fA$ 的面积,生产者剩余增加了 $\triangle P_1S_1fA - \triangle P_0EA =$ 梯形 $P_1S_1fEP_0$ 的面积。再假定进口国实行自由贸易,这会使消费者需求达到最大,产品的价格达到最高的 P_2 水平。和保护贸易相比,生产者剩余进一步增加了,增加的数量相当于梯形 $P_2S_2fS_1fP_1$ 的面积。由此可见,自由贸易对于出口该商品的生产者会带来贸易利益。这可以解释为什么在一国的贸易政策中总有一股推动贸易自由化的力量。当一个国家有严厉的保护贸易时,走私者会通过违法活动去取得本应由生产者取得的那部分贸易利益。

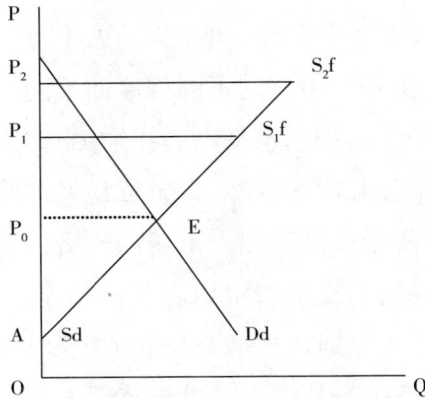

图3-4 从生产者角度对对外贸易进行福利比较分析

二、从参与国家的角度对对外贸易福利效应的局部均衡分析

对外贸易政策的制定是以一个国家或一个特定经济区域为单位的。为此,不但要考虑直接交易者的利益,还要考虑相关经济主体的利益、考虑国家的整体利益。从参与国整体来对对外贸易的福利效应进行分析又是不可或缺的。同样采用局部均衡方法来分析。如果该国处于进口国的地位,仍然采用图 3-3 所示进行分析。图中 P_1S_1f 和 BSd 相交于 G 点。在自由贸易 P_1 价格水平下,和封闭经济相比,消费者剩余虽然增加了梯形 $P_0ES_1fP_1$ 面积的福利,但是作为该产品生产的国内生产者则由于外来产品的竞争而被迫缩减生产,导致生产者剩余减少梯形 P_0EGP_1 面积的福利。最终总体上来讲,考虑到国内的生产者和消费者的得失,该国的福利净效应为增加了 $\triangle ES_1fG$

面积的福利。对外贸易仍然是有净增利益的。

如果该国处于出口国的地位,仍然采用图 3-4 所示进行分析,由于在这种情况下,是生产者剩余增加幅度大于消费者剩余的减少幅度,因此其结论仍然是对外贸易有净利益增加。

三、从参与国家的角度对对外贸易福利效应的一般均衡分析

一般均衡分析和局部均衡分析的不同,表现为它将均衡分析的视野放在更广阔的范围内,不再单单考察一种商品,而是可以分析多种商品(以两种商品来代表);可以表示商品比价的变化;可以反映出国内资源配置的生产变化过程以及国内消费结构的变化过程。

在一般均衡分析中,当一国由自给自足转向对外贸易自由化,或由低贸易自由化程度转向高贸易自由化程度或自由贸易时,该国的生产者和消费者就会受到新国际价格的引导,改变自己的生产结构和消费模式,以期取得利润最大化和效用最大化。这种调整使得消费者现在可以以相对较低的价格来消费自己偏好更强的商品,从而取得消费者剩余;生产者生产更加具有优势的产品,通过对外贸易以较高的价格取得生产者剩余。虽然贸易自由化和自由贸易能提高一国的福利水平,但是对于某一行业会由于贸易的发生而减少产量,需要将有关的生产要素转移到另一有比较优势的行业。在这种转移的过程中,伴随着国内很多利益和收入的重新分配,会带来许多贸易利益的摩擦。因此,这种理论分析是通过一定的假定条件并进行高度抽象化的基础上进行的。其中关键的假定条件为:生产要素在一国国内部门之间完全自由流动而国家之间完全不能流动;两国间开展自由贸易;没有运输成本和交易成本;生产要素完全就业;劳动力要素是同质的;国内市场是完全竞争的。

四、对外贸易额和贸易福利之间的关系

对外贸易额和贸易福利的关系包含两个方面的内容：一是贸易差额和贸易福利的关系；二是贸易依存度和贸易福利的关系。

古典国际贸易理论的代表人物英国的亚当·斯密和法国重农学派的魁奈认为从贸易差额本身看不出利弊，必须区分各种具体情况进行考察，但并未作具体分析。

"贸易差额对一国有利还是不利，不能从顺差或逆差额本身的数量看出来，必须根据具体情况进行分析才能下判断。从价格情况来看，当计算期国际市场本国出口商品价格稳定不变或趋于上涨，而本国进口商品价格趋于下跌时，则贸易顺差较为有利。因为，这是把外汇留待以后购买，可交换到更多的商品。""反之，则逆差有利。如果计算其进出口商品价格变动趋势一致时，则以贸易平衡有利。""从贸易目的来看，如果是为了调剂商品余缺、满足消费者特殊消费需要和顺应商品的自然流向，则无论是顺差、逆差还是平衡都有利。因为贸易目的的实现高于一切。如果是为了获取支付手段或流通媒介物，则以贸易顺差有利。因为非此达不到目的，如果是以获取比较利益、规模利益和占领世界市场为目的，也以贸易顺差为有利。因为贸易顺差额越大，本国获取的比较利益、规模利益和占领的世界市场份额也就越大。从就业情况来看，如果急需解决短期就业困难，则以贸易顺差有利。"[①]

然而，从一国长期和总体情况分析，贸易目的的各种可能都存在，并且国际市场上贸易商品的价格也经常呈现出反复变化的特点，这样很难区分贸易差额或贸易额的福利效应。特别是随着各国经济结构和发展水平的不同，单独观察对外贸易额或贸易差额大小的利

[①] 姚贤镐、漆长华：《国际贸易学说》，中国对外经济贸易出版社 1990 年版，第 411—412 页。

弊是很难全面的。发达国家服务贸易的快速发展和竞争力优势所造成的顺差可以使出口结构中的一般商品贸易拥有逆差。某些拥有某种天然自然资源的国家出口资源性产品也会具有较大的顺差和贸易额，因此这并不能说明对外贸易额（差额）和福利水平之间的必然联系。上海社会科学院世界经济研究所张幼文教授认为：外贸顺差特别是出口的增长反映外贸的运行状态较好，但进一步深入分析会发现，在出口总值增长中，如果包含出口价格水平的下降，也就是贸易条件的不利变化，那么外贸效益事实上就不如总值反映的那么好，这是因为，出口总值增长中包含着更大比例的出口实物（国内价值）的增长，如果出口的增长主要是通过汇率贬值实现的，结果就可能是这样；如果进口通过行政干预进行压抑，此时的外贸顺差标志着外汇资源闲置和比较利益未充分利用；如果出口包含着财政补贴，而这种补贴的原因又不是价格扭曲或不完全是价格扭曲引起的，那样会造成外贸效益更大的降低。因此，他得出的结论是进出口增长与外贸效益的提高基本上是两回事。

贸易差额很大程度上决定了国际收支的状况，当出现贸易逆差的时候，国际收支也经常表现为逆差。当出现贸易顺差的时候，国际收支也经常表现为顺差，长期的大量国际收支逆差会出现债务危机和国内的通货膨胀。国际收支顺差会使一国在调整国内经济发展过程中有更多的回旋余地，特别是当一国经济处于衰退、国内需求不足的时候。各国在经济衰退时，经常是通过更多的出口、限制进口来扩大贸易顺差，通过占领更多国际市场来扩大需求，维持国内经济的增长。贸易顺差固然从一个侧面反映了一国生产产品的竞争能力，但也并不能说明顺差越大，该国得到的福利就越大，这同样要分析导致贸易顺差的体制基础及其有关原因。拉美国家在实行进口替代贸易政策的时候，由于需要进口大量的机器设备生产替代国外的产品进口，从而导致外贸赤字，但是发展中国家却由此奠定了一个工业化的基础,仍然得到了贸易利益。但是因长期的贸易赤字导致债务危机,使得该政策难以继续实施。

反观美国经济由于种种原因,在放纵对外贸逆差的宽松条件下,国内的自由竞争和技术创新使贸易逆差反而变成了增进本国消费者福利和支撑经济增长的一个重要因素。美国总统经济顾问委员会发表的一份报告认为,美国的生活水平之所以超过其他主要发达国家,比日本和德国分别高出27%和41%,一定程度上是由于美国广泛地参与了国际贸易。美国联邦储备委员会前主席格林斯潘也承认,美国从国际贸易迅速发展中"获得的收益最大"。

从理论上分析,如果对外贸易建立在自由竞争的基础上,每一笔贸易都会带来贸易利益,贸易平衡会使该国获取到最大的贸易利益。如果是顺差,就会存在顺差额的利益没能实现,如果是逆差额,则存在出口利益的损失。长期来看,贸易是平衡的,贸易利益都会得到实现,但长期过程中,存在着实现利益的风险。因此,贸易差额并不必然表现出贸易福利的直接对应关系。这里,无论是作为对贸易额和贸易顺差的利弊分析,还是效益分析,都是从一国国家整体来分析贸易顺差对该国的福利水平的影响的。[①]

第三节　中间品贸易失衡的理论模型

一、中间品贸易结构失衡

作为分工极度细化的产物,中间品贸易的核心仍然是建立在比较优势基础上的各国中间产品和生产工序的跨国贸易,而在此过程中生产链条的业务拆分(Unbundling)和全球布局则对中间品贸易的

[①]　焦军普:《国内市场扭曲与对外贸易利益关系问题研究》,北京师范大学博士学位论文,2004年。

结构产生重要影响。基于此,我们以格罗斯曼和罗斯—哈斯伯格(Grossman & Rossi-Hansberg,2008)的工序贸易模型(简称 GRH 模型)为基础,引入生产率的异质性,拓展了相关研究,并就此对中间品贸易的结构失衡问题展开分析。

模型首先假定,经济中存在两个国家(本国 d 和外国 f)、两种产品(X 和 Y)和两种劳动(低技能劳动 L-skill 和高技能劳动H-skill)。其中,X 表示技术密集型产品(耗费较多的高技能劳动),Y 表示劳动密集型产品(耗费较多的低技能劳动);d 国是技术密集型国家,f 国则为劳动密集型国家。由于不同工序所投入的劳动是异质的(即 $a_{Hx}/a_{Lx} > a_{Hy}/a_{Ly}$),但同种工序在两国投入的劳动是同质的,那么 d 国在生产高技术工序(H)时便具有比较优势,而 f 国在生产低技术工序(L)时存在比较优势。

同时在模型中,$t_j(i)$ 主要衡量 j 产业 i 工序的离岸外包成本,且为连续递增的,而 i 则是属于 0 到 1 的工序指数。W_{Ld} 和 W_{Lf} 分别表示本国和外国低技能劳动的工资,W_{Hd} 和 W_{Hf} 则分别是本国和外国高技能劳动的工资,且研究假定 $W_{Ld} > \beta t(0) W_{Lf}$,即 d 国企业在生产过程中将部分低技能工序外包给 f 国,通过中间品贸易的形式组织全球生产是有利可图的,当然这要视贸易成本、运输费用等离岸外包成本而定。

对于 d 国的低技术工序 i 的生产决策,要权衡离岸外包的工资节约和外包成本的高低。那么,当国内生产与国外进口无差异时,二者会达到一个均衡水平,即

$$\beta t(i_L) W_{Lf} = W_{Ld} \qquad (3-1)$$

其中,β 表示一般的离岸外包成本系数,主要受技术进步、通信和运输成本的影响。

在市场均衡时,对于 d 国任意的单位产品 j,假定若只存在低技术工序的外包,其生产过程大致可分割为本国生产、离岸外包及国外

进口的环节,其间产生的成本主要有:生产单位工序所需 d 国国内低技能劳动 L 的工资、外包给 f 国所需低技能劳动 L 的工资、国内高技术工序中所需高技能劳动 H 的工资以及其他生产要素的成本(资本、土地等)。因此,生产单位产品 j 的成本 C_j 可表示为:

$$C_j = W_{Ld}\alpha L_j(1 - I) + W_{Lf}\alpha L_j \int_0^I \beta t(i)\,\mathrm{d}i + W_{Hd}\alpha H_j + pk \quad j = x, y$$

$$(3-2)$$

(3-2)式中,p、k 分别代表生产过程中资本及其他要素投入和相应价格;I 被认为是边际工序,即表明 I 在工序指数范围 $[0,1]$ 的位置,且定义了一个工序外包的门槛水平。那么,仅就低技术工序的生产来看,基于成本最小化的原则,当工序指数 $i \in [0,1]$ 时,企业会选择将此段工序外包给 f 国,成本为 $W_{Lf}\alpha L_j \int_0^I \beta t(i)\,\mathrm{d}i$;当工序指数 $i \in [I,1]$ 时,则选择自己生产,成本为 $W_{Ld}\alpha L_j(1 - I)$。

接下来,我们的分析将更具一般化,考虑 L 工序和 H 工序可同时外包的情形。首先假定,低技能劳动和高技能劳动的技术是异质的,即生产率具有异质性;同时为简化分析,假定生产中只需要两种要素投入,高技能劳动 H 和低技能劳动 L。那么,任意 j 产业的 C-D 生产函数可表述为:

$$Y_j = (A_L L)^{\alpha_j} (A_H H)^{1-\alpha_j} \quad (3-3)$$

(3-3)式中,A_L、A_H 分别刻画了两种不同劳动的生产率,且 $A_L < A_H$;而 a_j 和 $1-a_j$ 则是 j 产品生产过程中的两种要素的投入份额。此时单位 j 产品的生产成本函数 C_j^* 为:

$$C_j^* = \left[\frac{1}{A_L}W_{Ld}\Omega_L(I_L)\right]^{\alpha_j} \left[\frac{1}{A_H}W_{Hd}\Omega_H(I_H)\right]^{1-\alpha_j} \quad (3-4)$$

与 GRH 模型类似,$W_{Ld}\Omega_L(I_L)$ 和 $W_{Hd}\Omega_H(I_H)$ 分别衡量低技能劳动生产 L 工序和高技能劳动生产 H 工序的平均生产成本。其中,$\Omega_L(I_L)$ 和 $\Omega_H(I_H)$ 分别由(3-5)式和(3-6)式给出:

$$\Omega_L(I_L) = 1 - I_L + \frac{\int_0^{I_L} t(i)\,\mathrm{d}i}{t(I_L)} \tag{3-5}$$

$$\Omega_H(I_H) = 1 - I_H + \frac{\int_0^{I_H} t(i)\,\mathrm{d}i}{t(I_H)} \tag{3-6}$$

由此,我们可以发现,由于不同工序的要素密集度不同,且劳动生产率具有异质性,那么对于 j 产品的生产,要素禀赋不同的国家可能会专注于不同的工序环节。在 L 工序和 H 工序可同时外包的情形下,具有高技术工序生产优势的 d 国,生产率水平较高,$W_{Hd}\Omega_H(I_H)$ 相对较低,会集中于生产 H 工序,同时将 L 工序外包给 f 国;而具有低技术工序生产优势的 f 国,生产率水平较低,$W_{Ld}\Omega_L(I_L)$ 相对较低,集中生产 L 工序,并将 H 工序外包会有利可图。因此,在此种分工形态下,两国工序的同时外包促使两国具有发生中间品贸易的可能,但从长期来看,这种贸易结构显然是不平衡的。

由于不同工序的分割和集聚,使得 d 国逐步将用于低技术部门的要素转向高技术部门,进口低技术中间品而专注于高技术中间品的生产。尽管短期内低技术劳动向高技术劳动的转移会有转移门槛,并伴随较高的转移成本,甚至会有失业;但从长期来看,这种阵痛显然会提升本国的劳动力素质,确立并强化其技术密集型工序的优势,优化贸易结构。而 f 国或许会因短期承接 d 国低技术工序外包和中间品贸易,带动国内相关低技术劳动的就业,改善福利水平;但这种不可持续的贸易增长方式,必然会恶化 f 国的贸易条件,使其陷入价值链"低端锁定"的怪圈。

二、中间品贸易利益失衡

对中间品贸易利益分配的考量,出口最终产品的国别归属已不再重要,而较为关键的是各国在该产品生产的全球价值链中的分工地位。接下来,在鲍德温(Baldwin,2011)关于全球价值链二次拆分的相关研究基础上,以边际成本(MC)度量生产率的异质性,认为生产单位产品的边际成本越高其相对生产率水平就越低(MC 曲线越靠近右上方);同时以 P_1、P_2 分别表示中间品国内销售和净出口的价格水平,那么通过边际成本曲线与不同价格水平线的位置比较便可确定中间品的生产和贸易决策(见图 3-5)。

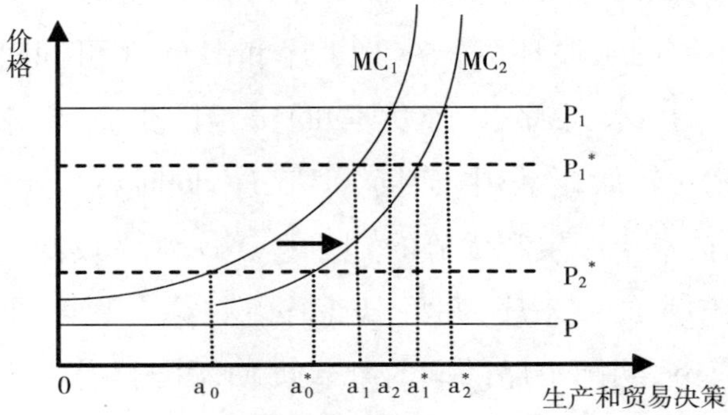

图 3-5 中间品贸易结构

按照上面的理论模型,对于技术密集型的 d 国而言,尽管其可能在生产 H 工序和 L 工序上均具有较高的生产率水平,但出于工序的要素密集度和附加值的不同,其生产高技术工序的比较优势会更为明显。基于图 3-5 初始边际成本曲线(MC_1)的分析同样发现,在对生产率要求较高的工序 $[0, a_0]$ 环节,d 国的边际成本低于中间品出口的门槛价格水平 P_2^*,此时可自由选择国内生产并出口或国内销售其中间产品;而在 $[a_0, a_1]$ 环节,低于中间品出口所需的生产率水平但高于国内生产销售的门槛价格 P_1^*,那么在该边际成本条件下,选择国内生产和国内销售中间品是有利可图的;当处于工序区段 $[a_1, a_2]$ 时,边际成本相对较高,与高技术环节相比明显不具备比较优势,此时从 f 国进口中间品将是明智的选择。而劳动密集型的 f 国的生产和贸易选择则恰好与此互补,在生产率要求高的 $[0, a_0]$ 环节不具备比较优势,会选择进口中间品;而在生产率要求较低但对低技能劳动 L 需求较多的[a_1, a_2]环节,会选择国内生产并出口;在中间区段则会选择在各自国内生产和销售。

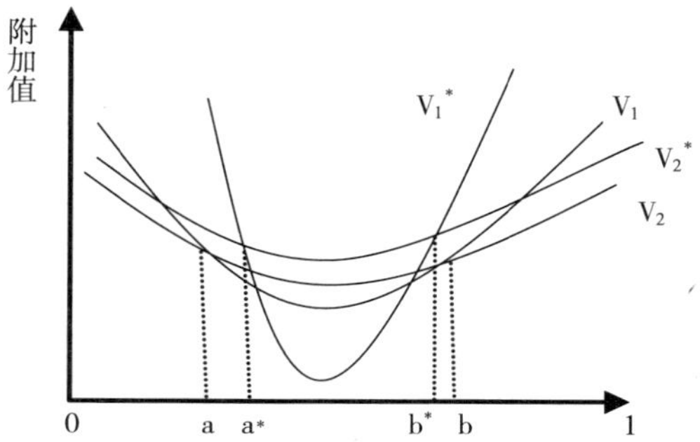

图 3-6　附加值"微笑曲线"

当然,也正是两国的这种分工和贸易模式导致了其贸易利益分配的失衡,从图 3-6 我们可以看出,技术密集型的 d 国的附加值"微笑曲线"V_1 与劳动密集型的 f 国的附加值"微笑曲线"V_2 分别交于 a、b 两点。在此区间内 f 国中间品的附加值高于 d 国,即该国在低技能工序的生产区间[a_1, a_2]环节获利较多;而在附加值曲线的 [0,a]和[b,1]区间,V_1 曲线显然高于 V_2 曲线,所以 d 国在[0, a_0]的高技术工序环节获利较多,甚至远远超过 f 国在[a_1, a_2]区段的获利。接下来,更需要关注的是,随着技术进步和生产率水平的提升,MC_1 曲线右移至 MC_2,使 d 国高技术工序生产和出口的门槛扩展至 a_0^*,而低技术工序进口的门槛水平则由 a_1 右移至 a_1^*。与此对应,两国的附加值曲线也分别移至 V_1^* 和 V_2^*,从而使得 d 国获利空间显著扩大,f 国的贸易利益进一步压缩至[a^*, b^*]。因此,若 f 国不进行技术革新和产业升级,那么在其吸纳 d 国生产率进步所挤出的工序环节锐减,而本国的高技术工序又不具备国际竞争力的背景下,这种利益分配的失衡现象还会进一步加剧。

通过上述分析,我们基本可以认定两国中间品贸易的繁荣并不能掩盖其背后贸易结构和贸易利益的失衡,以技术密集型劳动为主的发达国家(即 d 国)由于在工序分工中占据价值链的高端,凭借技术优势和有利的分工地位可获取更高的贸易附加值;同时源于中间品贸易结构的独特性和利益的内隐性,使得其将大部分贸易获利隐藏在发展中国家(f 国)最终产品的出口环节,从而造成发展中国家"高顺差,高获利"的假象,并加剧了两国贸易额与贸易利益流向相背离的贸易失衡。

第四节　垂直专业化分工与产业集聚的理论模型

在中美之间的长期经贸关系中,即使是在如今的工序分工条件下,两国之间仍然呈现出了比较明显的垂直专业化分工特征。一般来说,垂直专业化分工按比较优势和规模经济在全球范围内配置垂直分离工序的要求使国际制造业在全球范围内变得更为分散,但与此同时,在区位优势突出的地区,集聚的特征又越来越凸显。就中美两国情况来看,在垂直专业化分工的作用下,两国出现了各自不尽相同的产业集聚现象,反过来,两国各自不尽相同的产业集聚又进一步强化了这种垂直专业化的分工。在理论上,垂直专业化分工通过分工链条内上下游产业的垂直关联对产业的地理分布产生影响。

上下游产业之间的垂直关联模型由维纳布尔斯(Venables, 1996)提出,用于解释不存在要素流动情形下的国内产业集聚①。维纳布尔斯(Venables, 1999)进一步用垂直关联解释了国际分散化过程中的产业集聚。阿米提(Amiti, 2005)考虑了垂直关联、贸易成本

---

① 早期以克鲁格曼(Krugman)(1991)为代表的中心—外围模型(C-P)都是以某种生产要素的完全流动为条件的,例如自由劳动、自由资本、自由企业家 C-P 模型等。但很多情况下,区际要素流动并不是很普遍,这就促使新经济地理学对产业集聚的机制进行重新思考。

与技术进步对产业国际分布的影响。在这类垂直关联模型中制造业被划分为上游和下游两个部门,制成品的生产需要上下游部门投入产出关联才能完成。而这正是垂直专业化分工最突出的特征①。本节在维纳布尔斯（Venables,1996）、阿米提（Amiti,2005）的模型基础上,分析国际垂直专业分工链条中,上游产业和下游产业在投入产出上的垂直关联因素而造成的集聚。

假设世界由国家 H 与国家 F 两个国家构成,两个国家的消费者的偏好和厂商的生产技术相同,两国都只有一种生产要素劳动力（ l ）,劳动力在本国可以自由流动,但在国家间不能自由流动。每个国家的消费者提供劳动获得工资（ w ）,并消费制成品（ M ）和其他产品（ A ）。制造业分工链条为垂直型,每个国家都存在着上游制造业产业（ u ）和下游制造业产业（ d ）。其中,上游产业使用劳动力要素为下游产业生产中间产品（ x^u ）,下游产业使用劳动力和中间产品生产最终制成品（ x^d ）。

一、消费者行为

代表性消费者的总效用 U 为柯布—道格拉斯形式

$$U = M^U A^{1-\mu} \tag{3-7}$$

M 代表制成品消费子效用函数, A 为对其他产品消费所得的效用, μ 为消费者对制成品的支出份额。子效用函数 M 由（3-8）式给出:

$$M = \left[\sum_{i=1}^{n^d} (x_i^d)^{\frac{\sigma-1}{\sigma}} \right]^{\frac{\sigma}{\sigma-1}} \tag{3-8}$$

其中 x_i^d 是差异化制成品 i 的数量, n^d 为下游产业的差异化产品种类数,假定垄断竞争,每个企业生产一种差异化最终产品。因此

---

① 正如胡尔梅斯（Hummels）等（2001）所说"正在许多国家间蔓延的垂直国际贸易链条中,生产过程的相互关联是最重要的特征"。

n^d 也是下游产业中的企业数目。σ 为替代弹性，$\sigma > 1$。

根据效用最大化原理，消费者对最终制成品的需求量为：

$$x^d = \mu Y (p^d)^{-\sigma} (P^d)^{\sigma-1} \qquad (3-9)$$

p^d 为下游制成品价格，μY 是消费者支出在最终制成品上的收入，P^d 是消费者加权价格指数，由（3-10）式给出：

$$P^d = \Big[\sum_{i=1}^{n^d} (p_i^d)^{1-\sigma} \Big]^{\frac{1}{1-\sigma}} \qquad (3-10)$$

（3-10）式反映了新经济地理学中的"价格指数效应"（Price-index Effect），即多样化种类数目的增加将降低消费者价格指数，提高消费者的实际收入。

二、下游产业

下游产业最终制成品的生产函数为柯布—道格拉斯形式：

$$F^d + a^d x^d = Z (l^d)^{1-\alpha} I^\alpha \qquad (3-11)$$

（3-11）式中左边为下游产业厂商的产出，其中 F^d 代表固定成本，a^d 代表可变成本，x^d 为产量。等式右边为下游产业厂商的投入，其中，l^d 和 I 是下游企业生产中所投入的劳动和中间产品数量指数，Z 为产出技术参数，α 为中间产品数量指数 I 的产出弹性，该变量反映了上下游产业之间在投入与产出上的垂直关联。

上式表明上游产业厂商生产的中间产品以 CES 形式进入下游产业的生产函数：

$$P^u = \Big[\sum_{i=1}^{n^u} (p_i^u)^{1-\zeta} \Big]^{\frac{1}{1-\zeta}}, \zeta > 1 \qquad (3-12)$$

n^u 表示上游产业的中间产品种类，ζ 为不同种类中间产品在生产下游最终制成品时的替代弹性，$\zeta > 1$。

中间品价格指数可表示为：

$$P^u = \Big[\sum_{i=1}^{n^u} (p_i^u)^{1-\zeta} \Big]^{\frac{1}{1-\zeta}} \qquad (3-13)$$

通过两阶段预算约束,可以求得下游产业厂商的成本函数:

$$C^d = (F^d + a^d x^d) \, w^{(1-\alpha)} \, (P^u)^{\alpha} \qquad\qquad (3-14)$$

(3-14)式表明下游产业厂商的生产成本与工资水平 w 、固定成本 F^d 、可变成本 a^d 及中间产品价格指数 P^u 正相关。

根据下游产业厂商的成本函数(3-14)可推得下游产业厂商对上游中间产品的需求函数

$$x^u = \alpha C^d \, (p^u)^{-\zeta} \, (P^u)^{(\zeta-1)} \qquad\qquad (3-15)$$

因此,下游产业厂商的利润函数可表示为:

$$\pi^d = p^d x^d - w^{(1-\alpha)} \, (P^u)^{\alpha} [F^d + a^d x^d] \qquad\qquad (3-16)$$

将消费者需求函数(3-9)带入(3-16),求导,即可得到下游产业厂商利润最大化价格:

$$(p^d)^* = w^{(1-\alpha)} \, (P^u)^{\alpha} a^d \left(\frac{\sigma}{\sigma - 1}\right) \qquad\qquad (3-17)$$

下游产业厂商的最优价格也是边际成本加成价格,为分析方便,可将 a^d 标准化为 $\dfrac{\sigma - 1}{\sigma}$ 。零利润条件下,下游产业厂商的均衡产出即为:

$$(x^d)^* = \sigma F^d \qquad\qquad (3-18)$$

三、上游产业

上游产业只使用劳动一种生产要素以线性的生产技术生产中间产品,其生产函数为:

$$F^u + a^u x^u = l^u \qquad\qquad (3-19)$$

(3-19)式左边为上游产业厂商的产出,其中 F^u 为固定成本, a^u 为可变成本, x^u 产量。右边为上游产业厂商的劳动投入 l^u 。

相应地,上游产业厂商的利润函数可以为:

$$\pi^u = p^u x^u - w[F^u + a^u x^u] \qquad\qquad (3-20)$$

利用中间产品需求函数(3-15)式,求得上游产业厂商利润最大化价格:

$$(p^u)^* = wa^u\left(\frac{\zeta}{\zeta-1}\right) \tag{3-21}$$

为分析方便,可将上式中 a^u 标准化为 $\frac{\zeta-1}{\zeta}$,零利润条件下,上游产业厂商的均衡产出即为:

$$(x^u)^* = \zeta F^u \tag{3-22}$$

四、垂直关联

市场出清要求供给等于需求。对于上游产业,市场出清意味着:

$$n^u p^u x^u = n^d \alpha C^d \tag{3-23}$$

(3-23)式左边为上游产业对中间产品的供给,右边为下游产业对中间产品的需求。将(3-14)、(3-15)、(3-21)、(3-22)代入(3-23)式中,求得上游产业中间产品生产厂商的数目:

$$n^u = \left[\alpha\frac{\sigma}{\zeta}\frac{F^d}{F^u}n^d\right]^{\frac{1-\zeta}{1-\zeta-\alpha}} \equiv N^u \tag{3-24}$$

相应地,下游产业市场出清的条件也要求供给等于需求:

$$n^d p^d x^d = \mu Y \tag{3-25}$$

(3-25)式中左边为下游产业最终制成品的供给数量,右边为消费者对最终制成品的需求数量。将(3-9)、(3-17)、(3-18)代入(3-25)式中,求得下游产业中厂商的数目:

$$n^d = \frac{\mu Y}{w\sigma F^d}(n^u)^{\frac{\alpha}{\zeta-1}} \equiv N^d \tag{3-26}$$

(3-24)式和(3-26)式反映出,垂直专业化分工过程中,市场均衡时上游产业中厂商的数目取决于下游产业中厂商的数目,下游产业厂商的数量依赖于上游产业厂商的数量,上下游产业通过投入产出的垂直关联相互联系、相互依存。这种上下游产业垂直关联的作用意味着,某一地区下游产业中厂商数目越多,上游产业中间品生产商面对的市场就越大,也就越会吸引上游产业厂商向该地区集聚。同时,某一地区上游产业中间品生产商越多,中间品价格指数就越低,下游产业制成品生产商的采购成本也就越低,更多的下游产业厂商将进入该地区。

五、开放经济中垂直关联的作用

以上分析了封闭经济条件下,上下游产业在投入产出上的垂直关联对产业集聚的影响。进一步地,考虑开放条件下,垂直关联、要素禀赋及贸易成本在上下游产业区位选择中的作用。在开放条件下,每个国家的上游产业不仅可以为本国下游产业供给中间投入品,还可以通过对外贸易向对方国家的下游产业提供中间投入品,每个国家的下游产业不仅要面对本国消费者对最终产品的消费需求,还要面对对方国家对最终消费品的进口需求。在进行中间产品和最终产品的对外贸易时,存在"冰山运输成本"(τ),$\tau > 1$。这意味着每单位中间产品或最终产品从起运地出发,到达目的地时只有 $1/\tau$,其余的都在运输中"融化"掉了①。

这样,根据(3-10)式,可以得出开放条件下国家 H 和国家 F 的最终产品加权价格指数:

$$(P_H^d)^{1-\sigma} = (p_H^d)^{1-\sigma} n_H^d + (p_F^d \tau)^{1-\sigma} n_F^d \qquad (3-27)$$

$$(P_F^d)^{1-\sigma} = (p_F^d)^{1-\sigma} n_F^d + (p_H^d \tau)^{1-\sigma} n_H^d \qquad (3-28)$$

(3-27)和(3-28)两式中 p_H^d 为国家 H 下游产业中制成品价格,n_H^d 为国家 H 下游产业中企业的数量,也即差异化最终产品的种类。p_F^d 为国家 F 下游产业中制成品价格,n_F^d 为国家 F 下游产业中差异化

---

① Samulson, P.A., "The Transfer Problem and Transport Costs: The Terms of Trade When Impediments are Absent", *Economic Journal*, 1954, Vol.42, pp.278-304.

最终产品的种类。可以看出两国消费者面对的最终产品加权价格指数均由两部分构成,一部分是本国下游产业生产的最终产品的价格总和,另一部分是从对方国家进口的最终产品的价格总和。

根据(3-13)式,同样可以得出开放条件下国家 H 和国家 F 的中间产品价格指数:

$$(P_H^u)^{1-\zeta} = (p_H^u)^{1-\zeta} n_H^u + (p_F^u \tau)^{1-\zeta} n_F^u \qquad (3-29)$$

$$(P_F^u)^{1-\zeta} = (p_F^u)^{1-\zeta} n_F^u + (p_H^u \tau)^{1-\zeta} n_H^u \qquad (3-30)$$

其中,p_H^u 为国家 H 上游产业生产的中间产品价格,n_H^u 为国家 H 上游产业中企业的数量,p_F^u 为国家 F 上游产业生产的中间产品价格,n_F^u 为国家 F 上游产业中企业的数量。两国下游产业面对的中间投入品的价格指数,在开放条件下,也由两部分构成,一部分是本国上游产业生产的中间投入品的价格总和,另一部分是从对方国家进口的中间投入品的价格总和。

由于假设只有劳动力一种生产要素,且在一国内部可以自由流动,但国家间不能自由流动,因此,两国上游产业中间产品价格和下游产业最终产品的价格由两国各自的工资决定。根据(3-17)式国家 H 下游产业最终产品的价格为 $p_H^d = w_H^{1-\alpha} (P_H^u)^\alpha$,国家 F 下游产业最终产品的价格为 $p_F^d = w_F^{1-\alpha} (P_F^u)^\alpha$。根据(3-21)式国家 H 上游产业中间产品的价格为 $p_H^u = w_H$,国家 F 上游产业中间产品的价格为 $p_F^u = w_F$。

根据(3-14)式,国家 H 和国家 F 下游产业厂商的成本函数可以表示为:

$$C_H^d = (F^d + a^d x_H^d) w_H^{1-\alpha} (P_H^u)^\alpha \qquad (3-31)$$

$$C_F^d = (F^d + a^d x_F^d) w_F^{1-\alpha} (P_F^u)^\alpha \qquad (3-32)$$

由于假设两国的生产技术相同,以上(3-31)和(3-32)两式中,两国下游产业厂商生产过程中所耗费的固定成本(F^d)和可变成本

（a^d）相同。这样,国家 H 和国家 F 下游产业厂商的生产成本与本国各自的工资水平和上游产业中间产品价格指数正相关。工资水平越高,本国的最终产品生产成本就越高。另外,由于中间品价格指数效应的存在,两国下游产业中能够投入的中间产品种类越多,中间品价格指数越小,下游产业厂商的生产成本也就越低。而中间投入品的种类一方面取决于本国上游产业厂商的数量,另一方面又取决于从对方国家进口的中间品种类。

开放条件下,两国上游产业不仅为本国下游产业提供中间投入品,而且还向对方国家出口生产出来的中间投入品。由于冰山运输成本的存在,H 国上游产业生产的中间品总产量为:

$$x_H^u = \alpha C_H^d \left(p_H^u\right)^{-\zeta} \left(P_H^u\right)^{\zeta-1} n_H^d + \alpha C_F^d \left(p_H^u \tau\right)^{-\zeta} \left(P_F^u\right)^{\zeta-1} n_F^d \tau$$

$$(3-33)$$

其中, $\alpha C_H^d \left(p_H^u\right)^{-\zeta} \left(P_H^u\right)^{\zeta-1} n_H^d$ 部分供给本国下游产业, αC_F^d $\left(p_H^u \tau\right)^{-\zeta} \left(P_F^u\right)^{\zeta-1} n_F^d \tau$ 部分出口到 F 国,供 F 国下游产业投入使用。对应地,F 国上游产业生产的中间产品总产量为:

$$x_F^u = \alpha C_F^d \left(p_F^u\right)^{-\zeta} \left(P_F^u\right)^{\zeta-1} n_F^d + \alpha C_H^d \left(p_F^u \tau\right)^{-\zeta} \left(P_H^u\right)^{\zeta-1} n_H^d \tau$$

$$(3-34)$$

其中, $\alpha C_F^d \left(p_F^u\right)^{-\zeta} \left(P_F^u\right)^{\zeta-1} n_F^d$ 部分供给本国下游产业, αC_H^d $\left(p_F^u \tau\right)^{-\zeta} \left(P_H^u\right)^{\zeta-1} n_H^d \tau$ 部分出口到 H 国,供 H 国下游产业投入使用。

两国下游产业生产的最终制成品,一部分用于本国消费,另一部分用于向对方国家出口。因此,根据(3-9)式,可以写出 H 国和 F 国下游产业各自的总产出:

$$x_H^d = \mu Y_H \left(p_H^d\right)^{-\sigma} \left(P_H^d\right)^{\sigma-1} + \mu Y_F \left(p_H^d \tau\right)^{-\sigma} \left(P_F^d\right)^{\sigma-1} \tau \quad (3-35)$$

$$x_F^d = \mu Y_F \left(p_F^d\right)^{-\sigma} \left(P_F^d\right)^{\sigma-1} + \mu Y_H \left(p_F^d \tau\right)^{-\sigma} \left(P_H^d\right)^{\sigma-1} \tau \quad (3-36)$$

以上(3-35)和(3-36)两式中,右边第一部分表示本国消费者对本国生产的最终制成品的需求,第二部分表示外国消费者对本国生产的最终制成品的进口需求。

根据(3-16)式、(3-20)式可以得出开放经济条件下两国上下游产业厂商的利润函数。其中,国家 H 上游产业厂商和下游产业厂商利润函数为:

$$\pi_H^u = p_H^u x_H^u - w_H \left[F^u + a^u x_H^u \right] \qquad (3-37)$$

$$\pi_H^d = p_H^d x_H^d - w_H^{(1-\alpha)} \left(P_H^u \right)^\alpha \left[F^d + a^d x_H^d \right] \qquad (3-38)$$

国家 F 上游产业厂商和下游产业厂商利润函数为:

$$\pi_F^u = p_F^u x_F^u - w_F \left[F^u + a^u x_F^u \right] \qquad (3-39)$$

$$\pi_F^d = p_F^d x_F^d - w_F^{(1-\alpha)} \left(P_F^u \right)^\alpha \left[F^d + a^d x_F^d \right] \qquad (3-40)$$

同时,上游产业市场出清要求两国上游产业的供给之和等于两国下游产业对上游产业的需求之和:

$$n_H^u p_H^u x_H^u + n_F^u p_F^u x_F^u = n_H^d \alpha C_H^d + n_F^d \alpha C_F^d \qquad (3-41)$$

下游产业市场出清要求两国下游产业的供给之和等于两国消费者对下游产业最终制成品的需求之和:

$$n_H^d p_H^d x_H^d + n_F^d p_F^d x_F^d = \mu Y_H + \mu Y_F \qquad (3-42)$$

(3-37)式至(3-42)式构成了开放条件下两国上下游产业的垂直关联均衡关系。以上均衡关系求解复杂,为分析方便,参照李宏艳和齐俊妍(2008),通过定义如下的比例关系,来分析两国垂直专业化分工条件下上游产业和下游产业的垂直关联:[1]

$$\nu_u = \frac{n_H^u p_H^u x_H^u}{n_F^u p_F^u x_F^u}, \; \nu_d = \frac{n_H^d p_H^d x_H^d}{n_F^d p_F^d x_F^d}, \; \rho_u = \frac{p_H^u}{p_F^u} = \frac{w_H}{w_F}, \; \rho_d = \frac{p_H^d}{p_F^d} = \frac{w_H^{1-\alpha} \left(P_H^u \right)^\alpha}{w_F^{1-\alpha} \left(P_F^u \right)^\alpha},$$

$$\eta_u = \frac{n_H^d \alpha C_H^d}{n_F^d \alpha C_F^d}, \; \eta_d = \frac{\mu Y_H}{\mu Y_F} = \frac{Y_H}{Y_F} \qquad (3-43)$$

(3-43)式中的六个比例关系分别表示国家 H 和国家 F 的上游产业产值之比、下游产业产值之比、上游产业中间产品价格之比、下

---

① 李宏艳、齐俊妍:《跨国生产与垂直专业化:一个新经济地理学分析框架》,《世界经济》2008 年第 9 期。

游产业最终制成品价格之比、中间投入品支出之比和最终制成品的
支出之比。

　　将(3-35)式、(3-36)式代入 ν_d 中,可以得到如下的函数关系:
$\nu_d = g_d(\rho_d, \eta_d, \tau)$;将(3-33)式、(3-34)式代入 ν_u 中,可以得到如下
的函数关系: $\nu_u = g_u(\rho_u, \eta_u, \tau)$。同时根据比例 ρ_u 和 ρ_d,可以得到
$\rho_d = (\rho_u)^{1-\alpha} (P_H^u / P_F^u)^{\alpha}$,亦即 ρ_d 还是 ρ_u 的函数。这样有:

$$\nu_d = g_d(\rho_d, \eta_d, \tau) = g_d(\rho_u, \eta_d, \tau) \tag{3-44}$$

$$\nu_u = g_u(\rho_u, \eta_u, \tau) = g_u(\rho_d, \eta_u, \tau) \tag{3-45}$$

　　以上(3-44)和(3-45)两式表明开放条件下的垂直专业化分工
中,两国上下游产业之间依然存在着垂直关联。(3-44)式表示下游
产业最终制成品生产受到两国上游中间产品的价格之比、最终制成
品消费之比和冰山运输成本的影响。又因为两国上游中间产品的价
格之比等于两国劳动力要素的报酬之比,而冰山运输成本则是新经
济地理学中贸易开放的反向度量。因此,(3-44)式说明下游产业最
终制成品生产受到中间投入品价格即要素价格、最终制成品支出份
额和贸易开放度的影响,与上游产业形成成本关联。(3-45)式说明
上游产业中间产品的生产受到两国最终制成品价格之比、中间产品
支出之比和贸易开放的影响,与下游产业形成需求关联。

　　(3-44)和(3-45)式中的自变量构成了垂直专业化分工条件下
影响两国上下游产业区位选择的主要因素,也就是说上下游产业在
投入产出上的垂直关联、要素禀赋和贸易开放度共同决定了两国上
下游产业的均衡分布。垂直关联因素这里已经做了充分地分析;从
要素禀赋来看,一国劳动力禀赋越丰裕,劳动力报酬越低,国外生产
中间产品的上游产业将被更多地配置到这一地区,投入产出上的垂
直关联进一步吸引生产最终产品的下游产业也向这一地区集聚,从
而形成大范围的产业地理集中;从贸易开放度来看,贸易开放度很低
时,高昂的贸易成本阻碍了国外上游产业出于节省生产成本的需要

而向劳动力要素丰裕国家的集聚,两国上下游产业仅分布于各自国家。当贸易开放度非常高时,要素流动完全自由,产业集聚的向心力和离心力不再发挥作用,上下游产业在各国分散分布。只有当贸易开放度突破临界值时,垂直专业化分工才会出现,生产中间品的上游产业向劳动力要素丰裕国家的集聚才会出现,阿米提(Amiti,2005)的数值模拟分析也证明了这一点。

以中国为例,20 世纪 80 年代以来,随着贸易开放程度的不断提高,中国劳动力要素丰裕的优势开始显现,分工链条顶端国家不断将一些劳动密集型制造业生产环节转移至中国。东部地区由于海外市场邻近等便利优势,贸易成本较低,因此成为这些低端制造业生产环节配置的首选区域,该地区生产的中间产品越来越多,创造了庞大的本地市场规模。在垂直关联的作用下,出于接近中间品市场、节省运输费用等的考虑,国外一些资本密集甚至技术密集的分工环节也开始出现向这一地区转移的迹象。垂直关联、要素禀赋和贸易开放的共同作用使中国东部地区成为制造业集聚的重心。[1]

---

① 陈开军:《国际垂直专业化分工对中国制造业产业集聚的影响研究》,北京师范大学博士学位论文,2014 年。

第四章　中美贸易利益分配：
数量和质量的冲突

随着中美贸易规模的不断扩大，双方的共同利益也随之增加，与此同时，贸易利益争端也呈现出上升态势。早期表现为国家宏观主体层面的贸易利益争端，随后向中观产业之间扩展，再进一步向微观企业主体之间发展，最终演变成集国家、产业、企业三位一体的综合性贸易利益争端。

第一节　中美贸易利益争端的产生与发展

中美间的贸易利益争端经历了起步阶段、发展阶段、恶化阶段、常态化阶段四段发展进程。

一、中美贸易利益争端起步阶段（1979 年 1 月—1986 年 6 月）

20 世纪 70 年代，两次石油危机动摇了美国的世界经济霸主地位，美国经济战略进入调整期。总统尼克松出于政治考量，决定借助建立与中国的贸易关系来稳定政治关系，在政治上与中国联盟来对抗苏联，继续谋取美国在全球的战略地位。1972 年 2 月尼克松总统访华，开启了中美外交政治破冰之旅。然而由于各种缘由，中美关系并未实现正常化。直到 1978 年 5 月，卡特政府才最后下决心实现对华关系正常化。从 1979 年 1 月 1 日起,中美双方相互承认并建立外交关系。

中美贸易争端起步阶段从 1979 年 1 月中美两国建交到 1986 年 6 月中国申请恢复关贸总协定缔约国地位为止。这段时间两国间贸易往来不多,贸易数额相当有限,贸易总量由 1978 年的 9.91 亿美元发展到 1986 年 73.5 亿美元,在美国对外经贸活动中美中贸易所占份额较低,贸易关系不被美国政府重视,相对来说贸易利益争端较少,即使有利益争端也是以政府间的贸易利益争端为主。美国对华贸易活动的贸易利益取向主要是基于政治上的考虑;而中国则希望通过发展正常的中美经贸关系,争取和平的外部发展环境,获得美国在资金和技术上的支持,两国经济上的利益争端较少,即使出现争端也在可控的范围内,没有对双方经贸关系造成实质性影响。

表 4-1　1979—1986 年美国对华发起反倾销代表性案件总览

序号	涉案产品	立案日期	初裁日期	终裁时间	终裁结果
1	薄荷醇	1980.7.2	1981.1.14	不详	无损害
2	涤棉印花布	1982.9.11	1983.3.9	1983.7.28	22.4%
3	棉毛巾	1982.9.17	1983.3.28	1983.8.16	122.81%—166%
4	蘑菇罐头	1982.11.16	1983.5.20	1983.10.6	无损害
5	高锰酸钾	1983.3.18	1983.8.9	1983.12.29	39.63%
6	三氯硝基甲烷	1983.5.2	1983.9.19	1984.2.16	58%
7	氯化钡	1983.11.18	1984.4.6	1984.8.27	14.5%
8	碳酸钡	1983.11.18	1984.4.6	1984.8.27	无损害
9	天然鬃漆刷	1985.3.15	1985.8.5	1985.12.26	127.07%
10	铸铁件	1985.6.7	1985.10.20	1986.3.19	11.66%
11	钢钉	1985.7.3	1986.1.9	1986.3.25	16.33%
12	石蜡、蜡烛	1985.9.30	1986.2.19	1986.7.10	54.21%
13	小口径焊缝钢管	1985.12.16	1986.4.29	1986.7.10	无损害
14	搪瓷厨具	1985.12.31	1986.5.20	1986.10.10	66.65%

资料来源:赵桂茹编:《国外对中国产品反倾销、反补贴、保障措施案例集(美国卷)》,中国对外经济贸易出版社 2002 年版。

二、中美贸易利益纠纷增多阶段（1986 年 6 月—2001 年 12 月）

这十几年来是中国申请恢复关贸总协定缔约国地位和加入世界贸易组织的谈判阶段。中国的贸易利益取向在于融入世界经济体系，促进社会主义经济发展，实现制度变迁和中华民族的伟大复兴上。美国则期望借助贸易和投资渠道，分享中国经济发展成果，推行美国价值观念，为美国企业打开中国市场，实现对华政治、经济利益最大化。

这一阶段双方贸易利益争端主要表现在：

第一，美国利用反倾销、反补贴调查手段，遏制中国劳动密集型产品对美国的大量出口，将中国具有竞争优势的产品出口控制在一定的数量范围内，使中国制造业获取的贸易利益有限。

第二，利用贸易手段来达到获取政治利益的目的。1989 年政治风波后一年内就发动对中国反倾销调查多达 11 起，占这一阶段反倾销调查 15% 以上，目的是想通过贸易手段迫使中国在人权问题上让步。

第三，挑起知识产权争端。20 世纪 80 年代中后期，美国经济衰退，在寻找导致经济衰退的国际因素时，美国政府认为盗版和假冒对美国经济造成了巨大损害，指责中国政府在打击盗版、保护知识产权方面不力，向中国政府施压，来获取贸易利益。

三、贸易利益争端加剧阶段（2002 年 1 月—2006 年 12 月）

两国围绕中国加入世界贸易组织的五年过渡期，调试各自贸易战略，力图实现自身贸易利益最大化。美国在过渡期最主要的任务就是监督中国履行加入世贸组织的承诺，一方面指出中国在加入世贸组织后遵循市场经济规律方面和履行加入世贸组织承诺方面的进步，另一方面又指责中国在知识产权保护方面存在的问题，软硬兼施来实现美国的战略意图和利益取向，获取经济和政治方面的双重利益。中国在 WTO 过渡期内，利益取向在于营造和平的国际经济环境，构建新型的外贸体制，提高自主创新能力，提升国际竞争力，减少对外贸易摩擦。

中国充分利用加入世贸组织机遇，积极应对加入世贸组织挑战，贸易竞争力远超美国预期，美国各界意识到中国输美产品的威胁性，采取各种手段遏制中国产品进入美国市场。美国指责中国政府操纵人民币汇率，获取不正当利益，联合欧盟和日本压迫人民币升值，双方贸易利益争端加剧。

这一阶段，美国对中国产品反倾销调查 38 起，另外发起针对知识产权条款的"337 条款"调查 44 起。"337 条款"是保护美国贸易利益的贸易工具。这一阶段，具有代表性的案件见表 4-2。

表 4-2　2002—2006 年美国对华发动的代表性"337 条款"调查典型案例一览表

立案时间	涉案企业	涉案产品	案由	处理结果	经济影响
2003.2	北汽福田汽车有限公司	农用拖拉机、牵引机和割草机	商业外观侵权	被告缺席，发布有限排除令	对中国机械制造业出口造成打击
2003.5	中国内地"南孚电池"等 7 家企业	无汞碱性电池及含电池的玩具、电气等	侵害无汞电池专利权	原告专利无效，被告未侵权，终止调查	对中国新能源行业发展造成巨大震慑
2004.4	江苏新科公司	光驱芯片及芯片集	美国 ZORAN 等公司控告侵犯其芯片专利权	发布有限排除令，退出美国市场	造成对中国 DVD 产业的巨大打击
2005.7	菲林格尔、圣象、升达等地板企业	复合木地板	美国企业控告侵犯其"地板锁扣"相关专利权	除"燕加隆"公司外对其余企业均发布普遍排除令	造成对中国复合木地板业的巨大打击

续表

立案时间	涉案企业	涉案产品	案由	处理结果	经济影响
2006.6	浙江温州恒星烟具有限公司等3家打火机制造公司	打火机	美国 ZIPPO 制造有限公司等控告涉案企业对美国出口和在美销售的打火机侵犯其1项商标权	与恒星公司和解且终止调查,裁定其他被告缺席并发布普遍排除令	对中国打火机出口造成一定的影响

资料来源:根据中华人民共和国商务部进出口公平贸易局网站(http://gpj.mofcom.gov.cn/)、中国保护知识产权网站(http://www.ipr.gov.cn/)等资料整理。

2000 年以前,美国发起"337 条款"调查 437 起,针对中国的有 13 起,所占比例为 2.97%。2001—2013 年,美国发起"337 条款"调查 501 起,针对中国的有 158 起,所占比例为 31.3%。中国许多有发展潜力的代表性企业成为美国"337 条款"调查的牺牲品。2005 年美国联合欧盟对中国纺织品贸易发起调查,迫使中国接受自动出口配额限制的约束。欧、美、日联合施压使中国维护自身贸易利益举步维艰。

表4-3 1986—2013 年美国对中国"337 条款"调查统计表

年份	美国总量	对华数量	所占比例(%)	年份	美国总量	对华数量	所占比例(%)
2000 年以前	437	13	2.97	2007	35	17	48.57
2001	24	1	4.29	2008	41	11	26.83
2002	17	5	29.41	2009	36	8	22.22
2003	18	8	44.44	2010	58	19	32.76
2004	26	10	38.46	2011	69	26	37.68
2005	29	10	34.48	2012	59	13	22.03
2006	33	13	39.39	2013	56	17	30.35

资料来源:中国贸易救济网 http://www.cacs.gov.cn。

四、中美贸易利益争端常态化阶段(2007 年 1 月至今)

中国加入世界贸易组织五年过渡期满后,中美贸易利益争端主要围绕如何构建国际贸易发展模式、建立国际经济新秩序展开。按照 1944 年美国制定的布雷顿森林体系原则,形成了贸易、金融、投资一体化的贸易利益获取模式,维护美国贸易利益,实现美国经济霸权;中国作为发展中大国,在对美贸易巨额顺差背后却是贸易利益的流失,因此,中国需要依靠自身发展,突破美国对中国贸易利益获取的制约,实现贸易获益机会的均等。

中国的贸易利益观代表着新兴发展中国家合理的贸易利益诉求,但美国不愿轻易放弃其延续了半个多世纪的既得贸易利益格局,通过制造贸易利益争端并利用经济优势,意图继续维持现有的贸易利益分配格局。

中美贸易利益争端一方面继续在传统领域展开,双反手段、利用知识产权摩擦、人民币汇率、贸易顺差问题等都成为美国获取贸易利益的筹码。金融危机后,奥巴马政府大肆推行"购买美国货",对中国输美产品出口造成巨大的影响,利用召回通报,打击中国产品在美国的信誉和形象。但是我们也要看到中美经贸关系发展的另一方面,即在全球重大经贸制度安排中,美国需要中国的配合,中国日益强大的经济实力也使美国投鼠忌器,中国已经具备反击美国不合理要求的政治和经济实力。双方都具有威胁彼此核心利益的能力,任何一方发起贸易利益争端时,都必须进行战略博弈,考虑对方将作出的反应和采取的行动,将贸易纠纷控制在适度范围。

第二节　工序分工条件下中美静态贸易利益的决定

国际利益的来源包括分工利益和贸易利益。传统贸易理论论证了参与国际分工不但能获得"分工利益",而且能获得"贸易利益",获益大小既取决于对对方国家产品的需求强度,同时也取决于产品的交换比价,即贸易条件。在工序分工模式下,发达国家既能利用比较优势获得"分工利益",又能利用技术、市场垄断地位,挤占发展中国家的"贸易利益";而发展中国家只能凭借比较优势从产品内分工中获取"分工利益",能获得的"贸易利益"就很少,甚至有可能是负值。

通过比较一个国家实行开放经济、参与国际贸易与该国封闭状态下经济自我循环发展时,经济成本是否节约、生产可能性边界是否扩大、国民福利水平是否提升等参考指标,可以来判定和研究国际贸易是否给该国带来了贸易利益。这些利益都是开展国际贸易后,贸易双方所获得的直接的经济利益,也称为静态贸易利益。在考察静态贸易利益时,需要关注贸易利益如何在国家之间进行分配,贸易参与国的贸易条件前后有些什么变化,贸易对一国不同部门和要素报酬的影响等。①

一、要素禀赋决定分工格局

工序分工已经成为当今国际分工的主要形式。在工序分工条件下,一国或地区在国际分工中的地位,往往取决于这个国家或地区是凭借什么样的特定生产要素来参与国际价值链的不同增值环节。如果这个国家或地区拥有充裕的高层次要素禀赋,如资本、技术、信息、人才、管理等,那么它就能处于全球价值链的高端,就能在国际贸易利益分配中获得更多的利益。相反,如果这个国家或地区高级要素禀赋稀缺,那么它就不得不依靠更多的自然资源、简单劳动等低层次要素来进行弥补,这样它就处于全球价值链的低端,在国际分配中获得的利益就少。在工序分工中,低层次生产要素往往依附于高层次生产要素,处于被整合地位,在国际价值创造和分配中必然处于十分

---

① 卢 锋:《产品内分工》,《经济学季刊》2004 年第 10 期。

不利的地位。因此,一国或地区要改变这种情况的办法就是必须积极培育高层次生产要素,尤其是技术和人才要素,不断改善要素结构,向价值链中、高端攀升,这样才能够获得更多的国际利益。

相对而言,美国的要素禀赋是劳动力稀缺、资本充裕,要素价格则表现为劳动力工资相对较高,利率相对较低;而中国往往劳动力要素充裕,资本稀缺,要素价格则表现为劳动力工资较低,利率相对较高。开放经济条件下,产品价格由国际供求关系决定。美国的劳动密集型产品不会因为生产国别的因素而索要高价。美国的传统劳动密集型产业往往劳动力成本高,扣除这部分工资成本后,利润就所剩无几了,甚至有可能发生亏损。逐利资本通常会退出美国这些劳动密集型产业的生产。为了延长产品生命周期,美国的劳动密集型产业将逐渐地转移到劳动力成本和其他资源、环境要素成本普遍较低的中国继续生产,在中国生产能得到在本国生产所不能获得的高额利润。中国凭借低廉的劳动力成本、比较完备的基础设施、庞大的国内市场规模、优惠的引资政策和相对完善的配套服务,吸引了包括美国在内的大量外商直接投资,不但将传统的劳动密集型产业整体转移到中国,而且将资本和技术密集型产业的劳动密集型生产环节外包给中国,充分利用中国的劳动力资源和自然资源比较优势,逐渐形成加工、组装等生产制造环节的竞争优势,成为全球性的加工生产制造基地。

二、技术水平决定贸易利益分配

中国虽然在对美贸易中获得了巨额的名义顺差,但中国从中获得贸易利益却极为有限,在双边贸易中仍处于弱势地位;相反,美国尽管在中美双边贸易中存在大量的贸易逆差,但美国企业和消费者从中获得的贸易利益颇为可观,在双边贸易中居于主导地位。

毫无疑问,美国的技术水平远远领先于中国。如图 4-1 所示,假定世界上只有两个国家——中国和美国;利润是随技术水平的提高而提高;技术水平低的中国技术改进的空间大,存在着技术进步,技术水平高的美国技术改进的空间小,技术水平不变。假定中国技术水平低下,极端情况下甚至为 0,而美国的技术水平远远高于中国,假定两国技术水平差距为 OB_0 时,这时候美国获得的贸易收益为 OP_0FB_0 面积,也就是说全部的利润都归美国所有,中国的利润为0,当然这种贸易格局在长期内将难以为继,中国企业会退出国际贸易;如果中国通过技术改进或引进技术,技术水平逐渐提高到 A_0 时,美中贸易收益此消彼长,美国的贸易收益减小为 A_0CFB_0 面积,相应地,中国的贸易收益增长为 OP_0CA_0 面积。

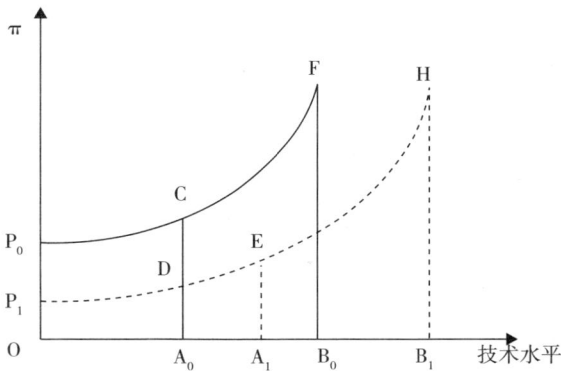

图 4-1　利润与技术水平关系

一般来说,利润和技术水平表现出一种相关的关系。产品的技术含量低,产品的利润相应地也会比较低。由于美国现有的生产要素禀赋是劳动力相对稀缺,资本和技术相对充裕,因此美国的劳动力价格要远远高于中国,对于一些低技术含量的劳动密集型产品的生产,美国不具备竞争优势,理性的美国企业会采取产业国际转移的方式,将技术水平低于 OA_0 的劳动密集型产品直接转移到劳动力价格较低的中国进行生产,自己则从事技术水平在 A_0B_0 上的产品生产,相应获得的生产利润也更高。当中国企业试图通过技术引进或技术创新方式提升技术水平,从而多获得生产利润时,美国企业的收益将相应减少,中国企业与美国企业在收益分配上发生变化,美国必然会采取多种形式来维护自身利益,想方设法遏制中国企业技术进步,中国企业技术升级路径中断。在这种情况下,格瑞斐(Gereffi,1994)[1]提出的"工艺升级—产品升级—功能升级—链条升级",进而形成"OEM—ODM—OBM"的自动内在升级机制不成立(刘志彪等,2009)[2]。中国企业被锁定在全球产业生产链条的最底端,沿全球产业价值链升级的路径断裂,客观上沦为美国企业的生产和组装车间。中国生产并出口大量的廉价商品给美国,又从美国进口技术含量相对高的中间产品,中国输美产品的替代性强,而中国自美进口产品的替代性较小。中美两国技术水平的差距造就了美国的市场控制势力,成为产品价格的决定者,而中国目前技术上的弱势地位决定了中国只能成为产品价格的接受者。

通过分析中美贸易结构,可以发现中美贸易存在着不对称性依赖。中国不仅依赖美国的消费市场,产品很大一部分是为美国市场生产的,而且还依赖从美国进口相当数量的中间产品;反观美国,在短期内虽然依赖中国的消费品满足居民日常消费需求,但在长期内,由于中国产品的可替代性强,美国对中国产品和市场的依赖性较小。两国间的技术差异,形成了全球价值链上中美双方不同的分工地位,中国试图依托技术进步,实现向全球价值链的两端努力攀升,与美国在技术和市场环节形成竞争态势,夺取一部分利润,但美国势必采取种种措施进行遏制,捍卫自身利益。例如对高新技术产品出口中国实施管制,以减缓技术外溢,限制中国技术水平提升,强化中国低技

---

① Gereffi, G. and Korzeniewicz, M., *Commodity Chains and Global Capitalism*, London, Praeger, 1994.

② 刘志彪、张杰:《中国本土制造业企业出口决定因素的实证分析》,《经济研究》2009年第8期。

术水平角色,增强中国对美国市场的依赖,将中国低端锁定在全球价值链的低端。中国要打破美国价值链低端锁定,提升贸易地位,就必须全面提升技术水平,减少对美国中、高技术中间产品进口的依赖。

三、贸易利益分配依据是价值增值

在工序分工与贸易中,资本要素可以在国际间自由流动。产品生产要素投入来自不同国家,贸易所得要弥补其他国家的要素投入,贸易利益表现为各国要素附加值报酬之和。但是贸易利益的分配不再仅仅是依据各国要素禀赋比较优势,更重要的是价值链上不同生产环节的价值增值。不同环节创造出的价值不相等,获得的利益自然也就不一致。处于技术环节和市场环节的工序能获得更多的价值增值,处于价值链底端生产环节的工序获得的价值增值低,获利少。发达国家跨国公司通过非核心业务外包、中间品国际化采购以及技术、市场环节的全球控制,形成了全球价值链生产体系,极大地改变了资本、技术和劳务等生产要素资源的流动方式和商品的国际生产格局,对各民族国家间的利益获取和收入分配产生重大的影响。跨国公司的母国一般从事的是产品设计、研究开发、市场营销、品牌管理等知识密集型的高增值环节,而将替代性强、附加值增值低的劳动密集型生产环节转移至发展中国家,利用发展中国家劳动力丰富且价格低廉的比较优势,降低产品生产成本,扩增发达国家的经济利益。发展中国家以劳动力比较优势参与发达国家主导的产业全球化进程,有可能陷于比较利益陷阱,必然被置于不利的分工地位。

在工序分工与贸易模式下,跨国公司利用东道国要素进行生产时,还从母国或其他国家进口中间产品,一种产品的价值组成中包含了多个国家多种要素价值,产品生产不再完全是单一国家国内生产要素的函数,生产出的产品既可以在东道国销售,也可以返销母国或出口至第三国,贸易利益不再由生产国的政府和企业独享,提供生产要素和中间产品的国家和企业也参与到利益分配中来,导致贸易利益分配主体多元化和复杂化。

在工序分工的各个环节,中国的比较优势主要集中于价值链低端的加工组装环节,而价值链高端的核心部件产品和关键材料则往往要依赖于进口,这在很大程度上限制了中国参与工序分工的收益,使中国处于极为不利的低端附加值增值地位。

包括美国在内的发达国家跨国公司贸易顺差的转移,并不意味着相应的贸易利益也一并转移到了中国。在当前工序分工模式下,美国主要从事产业价值链中附加值往往很高的研发、设计、营销和服务等环节,而中国主要参与技术含量较低、附加值也很低的加工、组装等劳动密集型生产环节。中美所处不同生产环节价值增值的巨大差异表明,中美贸易失衡与贸易利益的流向并不同向。尽管中国国际收支账面上显示为对美贸易顺差,但实际上中国并未从中美贸易中获得世人想象中的丰厚贸易利益,美国则恰恰相反,虽然国际收支账面上显示为对中贸易逆差,但实际上从中美贸易中获得了常人想象不到的丰厚贸易利益。

四、贸易利益的分配呈现不对称性

发达国家跨国公司通过充分利用发展中国家的劳动力和自然资源比较优势,将发展中国家锁定在加工、组装等价值增值较小的生产环节。加工组装环节不需要从业者具备太高的技术技能,因而这部分的产品附加值也较低。全球多个国家参与产品价值链和贸易链,贸易利益的分配取决于各参与国在全球价值链中占据的位次,不同环节的价值增值差异极大,贸易利益的分配曲线恰似 U 形价值增值微笑曲线形状,两端环节增值高,中间环节增值低,利益分配呈现出更强的非对称性。台湾宏碁集团的董事长施振荣将其称为"微笑曲线","微笑曲线"实质上就是产业链上各环节价值增值率,反映了各要素投入的收益(见图4-2)。

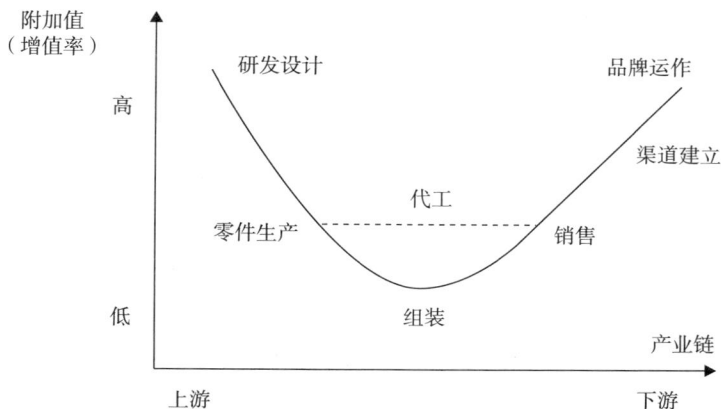

图4-2　"微笑曲线"示意图

每一个生产环节都会带来利益,而利益的大小及获取则与国家之间分工模式及市场势力密切相关。每个国家或地区在全球生产链上的地位及分工环节上的作用不同,取得的生产与贸易利益也不尽相同。

工序分工条件下,一国的竞争优势不再像传统的产业间分工那样体现在某个特定的产业或某项特定的产品上,而是往往体现在一国在全球产业价值链中所占据的不同生产环节或工序上。经济学家郎咸平把跨国公司主导全球产业链称为"6+1"产业模式(见图4-3):"6"是指产品设计、原料采购、仓储运输、订单处理、批发经营、终端零售这六大流程,而"1"就是这一模式中的最初的"制造"环节。产品巨额利润基本上被六大流程所垄断,相比较而言,"1"这个制造环节的利润率非常低,另外制造业的本质是以浪费资源、破坏环境、剥削劳动力为代价的。①

正是由于包括美国在内的发达国家跨国公司,出于利润最大化

①　郎咸平:《非常6+1才是企业根本出路》,《现代物流报》2009年5月11日。

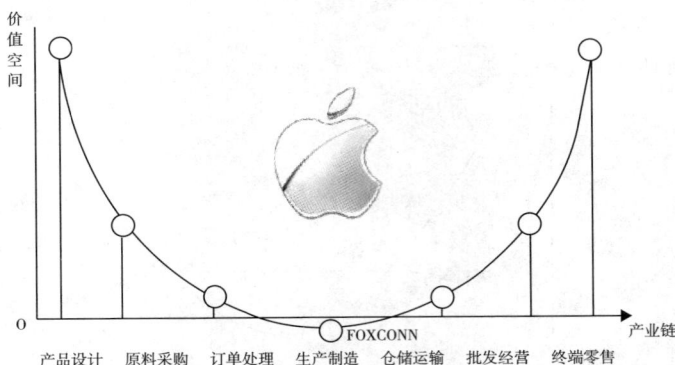

图 4-3 "6+1"产业模式

或成本最小化的经济考量,将其产品价值链上劳动密集型和资源能源消耗型生产环节和加工工序向资源丰富、劳动力价格和环境成本低廉的中国转移,发达国家在进行产业结构调整时,将劳动密集型产业转移到中国的同时,所产生的贸易转移效应使得对美加工贸易顺差不断扩大,这当中自然也包括美国在华跨国公司,进一步加剧了中美贸易失衡。这种失衡主要表现为中美贸易差额与中美贸易实际利得之间不是对等的联系,呈现出来的国际贸易顺差或逆差属于表层性的现象,背后的贸易利益才真正事关贸易参与国的经济实力和国民福祉。

　　以芭比娃娃的生产为例(见图 4-4)。一个芭比娃娃在美国沃尔玛超市的零售价格是 9.99 美元,在中国生产并出口到美国,其中中国的原材料成本是 0.65 美元,工人工资、厂房、机器设备折旧等制造费用为 0.35 美元,在中国原材料加上制造费用的总成本共计 1 美元,而美国产品设计、各级采购、仓储运输、零售终端利润合计 8.99 美元。虽然中国在芭比娃娃价值构成中占据的份额只有 10%,而美国等其他国家占据 90% 的份额,但因为它的最终完成地是在中国,出口时原产地标示为"Made in China",因此出口贸易额就全部计入到中国的国际收支账户,其他制造业的情形也大抵如此。中国的贸

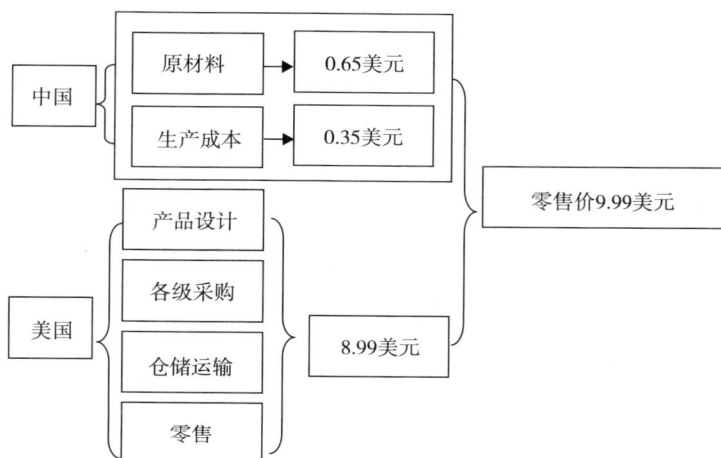

图 4-4 中国相关企业在芭比娃娃价值链中所占份额

易顺差与实际利得可见一斑。难怪中国经济学界会感慨中国的对外贸易顺差就是一个漂亮的账面数字,是过路财神,当满载着"Made in China"货物的集装箱还在漂洋过海时,真正的贸易利益,早已被跨国公司汇回母国了!

五、产品内贸易造成东道国贸易利益流失

发达国家与发展中国家之间的贸易多数是垂直型产品内贸易。垂直型产品内贸易利益包括工资报酬、税收收入、资本所得(投资收益)和跨国公司的利润收益。具体到中美贸易产品内贸易中的一般模式是:美国多以资本、技术和知识产权等高级生产要素参与工序分工,在利益分配中居于主导地位;而中国多以劳动力、土地等要素参与国际分工,在全球价值生产链条上处于被整合地位,在利益分配上处于被剥夺地位,两国在利益分配上处于非对称地位。美国跨国公司从技术环节与市场环节中获取内部规模经济效应,中国企业从加工装配专业化生产环节中获取外部规模经济效应。

工序分工条件下东道国获得了静态贸易利益和动态贸易利益。

133

静态贸易利益包括贸易规模扩张效应和税收增加效应;动态贸易利益主要是技术外溢效应、对国内劳动力就业的吸纳效应以及产业结构升级效应,但在利益主体多元化下,东道国政府和企业的利益受到一定程度的挤压。许多跨国公司利用企业内部转移定价方式将旗下产品以背离市场的价格进行内部调拨,从而将利润从高税率国家转向低税率国家,降低公司的税收负担,以保证跨国公司全球利益最大化,但却造成东道国贸易利益的流失。利益分配主体多元化下东道国和投资国的贸易利益变化如图 4-5 所示:

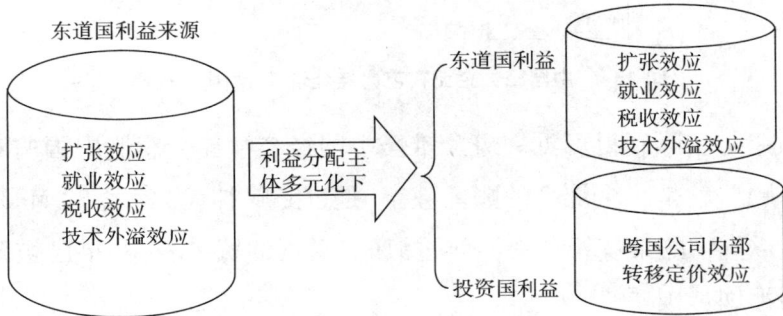

图 4-5 利益分配主体多元化下东道国贸易利益的变化

东道国原有利益来源包括贸易扩张效应、税收增加效应、劳动力就业的吸纳效应、产业升级效应以及技术外溢效应,但是,利益分配主体多元化下,跨国公司利用内部转移定价将东道国的一部分利益转移到自己手中,东道国利益受到挤压,发生漏损,投资国利益增加。另外,中国厂商在产品生产过程中需要进口发达国家的机器设备、核心零部件、中间产品和专利技术等,这也使得发达国家厂商在对中国的出口中获得了相当大的收益。

不可否认,美国跨国公司加速在华投资生产经营,使中国参与国际分工的程度不断加深,途径日益拓宽,对缓解国内就业压力、扩大出口、加速中国的工业化是非常有利的。中国开放型经济政策目标已经从力求更多地吸引外商投资、促进出口,发展到追求提升国际分工地位、实现产业结构进步和提升贸易利益的新阶段。

总之,中国在中美产品内分工中获得的贸易利益十分有限,阻碍了中国工资水平的提升和人民生活水平的提高,对国家经济实力的增强造成了一些障碍。因此,加强自主科技研发能力,改变中国目前所处的国际分工中不利地位的状况,尽快地向价值链附加值中、高端环节攀升,是避免中国国际贸易利益缺失的关键所在。

第三节 中国得自对外贸易的动态利益

第二次世界大战后,国际分工发生深刻变化,尤其是在产品内分工迅速形成并已经成为国际分工的主要形式下,静态贸易利益难以全面反映和阐释一国的贸易利得,动态贸易利益成为世界各国参与国际分工与贸易的主要关注点。国际贸易的动态利益是多方面的,中国得自包括中美贸易在内的对外贸易的动态利益主要表现在如下几个方面。

一、经济增长利益

经济增长与对外贸易之间相互交融、互为影响。经济增长使一国有能力去寻找新的国际市场,开拓对外贸易新领域;而对外贸易市场的扩大可以为一国经济发展提供新动力,国外市场的扩大及其新需求将促进原有企业的发展和新企业的产生,出口企业可以依据世界市场组织生产,容易获得规模经济,降低生产成本,增加国内就业,同时带动前后向关联企业共同发展。如果出口产业是关联效应大的主导产业,那么这个产业的发展将对经济发展起着杠杆作用,推动着经济以乘数效应发展。进口商品刺激国内消费需求,当国内的需求量大到一定程度时,国内企业获得明确的生产信号,着手进口替代产品的生产,进而导致进口替代部门的产生,进口替代工业发展起来。进口往往起着开拓国内市场,引领新产业成长的作用。根据弗农的产品生命周期理论,如果条件具备,进口国将有可能发展成该产品出口国,进口替代部门有可能成为出口部门。进口产品的竞争还可以促进本国产品不断更新换代。中国白色家电如彩电、冰箱、洗衣机、空调等神话般的崛起,就是迫于进口竞争产品的压力而不断实施技术革新发展起来的。国际经济和贸易发展的实践证明,进口替代是许多国家尤其是发展中国家走向工业化的第一步。参与国际贸易,与强国在世界舞台上共同竞争,可以极大地促进一国的经济和社会发展,贸易参加国可以获得经济增长的利益。

二、就业促进利益

传统贸易理论认为出口可以增加本国就业机会,进口将减少本国就业机会。凯恩斯主义的对外贸易乘数理论更是把对外贸易与就业理论联系起来,从提高国民收入,增加就业的角度说明对外贸易的重要性。对外贸易对就业的影响可以一分为二:一方面,在生产和贸易方面具有比较优势的产业会因市场的扩大而增加生产供给,进而引致对劳动力需求的增加,扩大了国内的就业水平;处于生产和贸易比较劣势的产业会因受到贸易的冲击而减少供给,进而导致劳动力需求的下降,恶化国内该产业的就业水平;另一方面,对外贸易拓展了世界市场,扩大了生产和销售,给人们提供了更多的收入,增加了就业消费,新技术的推广和使用创造了新的就业机会。对外贸易促进了国内就业的增长和就业结构的改善,利用出口可以拉动就业,获取动态的就业利益。而加工贸易是一种以劳动力为基础的要素贸易,本质上是一种特殊形式的"劳务输出",是劳动力不出国门的特殊国际就业流动安排,属于一种外向型的经济活动形式。

三、技术进步利益

国际竞争归根结底是产品质量、价格和服务的综合竞争。提高生产技术和管理水平是改进产品质量、降低生产成本进而降低产品价格的关键。产品价格的下降和国际竞争力的提升通常成为各国企业追求技术进步的直接诱因。经济全球化下,生产和销售都成为国际性的,实际上就是把本国的企业直接或间接地纳入与外国企业的正面竞争之中,国际上同类企业的竞争直逼国内企业是迫使企业进行技术改造、创新技术水平的一种最有效的刺激。一方面,出口企业不得不与国外同类商品生产厂商在产品质量、品种、价格与售后服务等多方面竞争;另一方面,国外质优价廉的同类替代进口商品大量涌入,国内企业又不得不应对进口商品的竞争,为保持自身产品的竞争力,保证国内市场份额,迫使国内进口竞争企业必须千方百计研发和采用先进技术,提升技术水平,以保证占有一席市场份额,在进出口竞争中立于不败之地。先进的技术和生产设备的进口直接促进了国内生产率提高和生产水平的发展,国际市场的竞争压力转化为企业进行技术改造和技术创新的动力,再加上出口的扩大使得技术进步和生产创新所能获得的收益上升,这些反过来又进一步刺激了本国企业产品和技术创新,推动本国经济进一步增长。

四、产业升级利益

产业升级是现代经济发展的主题,是推动现代经济持续增长的最强劲、最主要的动力。产业结构升级或产业结构优化是指一、二、三产业之间比例协调发展,各产业内部的结构符合社会市场需求,各产业逐步由劳动密集型向资本密集型、技术密集型转移。对外贸易作为拉动一国经济增长的三驾马车之一,如果能实现可持续良性协调发展,就可以对产业结构的调整起到积极的促进作用。一方面,由于任何一国都不可能实现绝对的平衡增长,供给结构与需求结构难以完全吻合,供需错位在所避免,当国内生产能力过剩而市场需求不足时,国外市场的超大容量可以消化国内企业巨大的产能;而当国内对某些产品需求极大,但缺乏必要的资源和条件进行生产时,就需要适当进口以满足国内需求。另一方面,积极参与国际分工,扩大对外贸易,引入竞争机制,就必然要大力发展本国现阶段具有竞争优势的产业或具有潜在比较优势的产业,淘汰放弃一些落后的夕阳劣势产业,优化国内的资源配置。进出口竞争刺激进出口结构的不断调整,将极大地促进本国企业的技术进步,促进一国产业结构升级,提高资源的配置效率。

五、制度创新利益

人是贸易要素中最活跃的因素。开展国际贸易,必然带来人员的流动、思想的碰撞、经验的交流和文化的传播,从而对一国的政治、经济、文化和社会进步带来积极影响。国际贸易对一国生产、消费、生活方式所产生的影响效果和示范作用,在某种意义上来说可能比物质交换和商品流动带来的利益还要多、还要大,它是一种无形的影响,促进人们思想的进步、观念的更新和思维方式的改变,促使人们更多地思考和践行效率观念、服务观念、团队合作观念、契约精神和开拓进取精神等等,催生了中国市场制度和体系的建立和完善,带来了市场机制和竞争机制。这些精神文明成果对于经济发展程度和思想观念相对落后的发展中国家尤为重要。

中国自 1978 年改革开放以来,大胆吸收了有益于经济社会发展和进步的西方精神文明成果,冲破思想观念障碍,突破利益固化藩篱,兼容并蓄,为我所用,在实现经济高速增长的同时,在国际贸易、国际分工和国际竞争的舞台上,与其他强国一起成为世界经济增长中很有分量的一极。

　　上述分析表明,国际贸易影响十分广泛,中美贸易给中国带来的不仅仅是静态福利的增长,更重要的是有利于促进中国经济的动态发展和推动社会进步。只有积极参与国际分工与贸易,以自身的优势参与国际竞争,才能享受到国际贸易带来的种种静态利益和动态利益,跟上世界经济发展的步伐。

第五章　中美贸易利益分配：基于
增加值贸易的实证分析

虽说国际贸易利益是客观普遍存在的,这也是国际贸易产生和不断发展的根源,但国际贸易利益的存在并不意味着一国可以无条件地获取或自动平等地分享它。现实经济生活中,获取贸易利益是一国或地区参与对外贸易最关注的核心问题。一国贸易利益能否实现以及在多大程度上实现,往往受许多客观条件的限制,这中间既受国内经济社会发展条件的约束,也受国际政治经济环境的限制;既受微观条件,也受宏观条件制约,然而由于研究者所处的时代特点和各自的利益倾向,研究结论却可能大相径庭。因此,构建产品内分工背景下有效测量贸易利益分配的模型并进行实证检验是解决当前中美贸易利益争端的当务之急。

第一节　中美增加值贸易的测度与衡量

一、增加值贸易的含义

当一国的出口商品是由"世界合作生产"而不是由该国独自生产时,传统贸易统计就难以真实地反映该国的贸易利益,即"所见非所得",造成对两国贸易利益实际归属的错误估计,引发许多不必要的贸易摩擦。传统贸易统计迫切需要新的统计方法,来剔除一国出口中的国外价值增值和本土价值增值回流。

在此背景下,为消除传统贸易统计的"统计错觉"(Statistical illusion),2009 年多丁(Daudin)率先提出"增加值贸易"(value-added trade)这一概念。增加值贸易是指直接或间接包含在另一国最终消费中的一国价值增值。它以 2001 年胡梅尔斯(Hummels)提出的垂直专业化(Vertical Specialization,简写为 VS)为基础,并且放松了垂直专业化指标计算中所有进口中间品完全是由国外价值增值构成的严格假设,从而使得增加值贸易更加贴近于全球价值链分工的现实。通俗来说,增加值贸易就是指一国出口贸易总值中的国内增值部分,它等于该国出口产品总值减去出口中的国外成分,用来反映一国从全球产业价值链中获得的份额及贸易的收益水平和真实利润。增加值贸易统计法以增加值为统计口径,通过剔除出口中的国外价值增值和本土价值增值回流,消除了传统贸易统计中的重复统计现象,还原了贸易参与方真实的贸易利益格局。

2011 年,OECD 和 WTO 采用了"增加值贸易"(Trade in Value-added,TIVA)统计法来计算各国贸易利益,以消除传统贸易统计在产品内国际分工体系下的"统计幻象"。2013 年 1 月 16 日,OECD 和 WTO 联合发布了按附加值计算的 40 个国家 18 大产业门类的贸易数据库,尝试以单个商品在全球生产链上不同经济体产生的附加值为基础进行贸易测算,真实反映国际贸易获益状况。

库普曼(Koopman,2010)则将一国总出口分解为四个部分,即直接价值增值出口、间接价值增值出口、国内价值增值回流和国外价值增值,第一次形成了贸易价值增值分解的系统框架,并在 2012 年建立了增加值出口和总值出口之间的联系。王岚、盛斌(2014)则通过分解中美双边贸易中不同价值增值来源,测度中美两国在不同行业双边贸易中的获利能力。①

---

① 王岚、盛斌:《全球价值链分工背景下的中美增加值贸易与双边贸易利益》,《财经研究》2014 年第 9 期。

中国对美国的增加值贸易是指直接(或间接)地包含于另一国最终消费中的价值增值,贸易中的价值增值是指包含于总值贸易中的来源于国内外的价值增值。具体来说,中国对美国的增加值出口就是指由中国创造的直接或间接用于满足美国消费的价值增值,而中国出口中的国内价值增值是指中国出口中所包含的国内创造的价值增值。调整中美双方贸易差额,真实地还原两国在双边贸易中获得的实际利益。

二、中国八个制造业部门对美国的增加值贸易

由于产品内贸易主要发生在制造业部门,因此本书选取了2000—2013 年中国 8 个制造业部门对美国贸易的面板数据来实证分析产品内分工对中美贸易利得。考虑到产业间的循环效应,陈宏易(2005)在胡梅尔斯(Hummels,1999)垂直专业化分工的基础上推导出了出口增加值计算公式:

$$VAS = VS^M - VS^N \qquad\qquad (5-1)$$

其中,VS^N 表示不考虑国内市场循环情况下中间产品出口增加值,其计算公式:

$$VS^N = \mu A^N X \qquad\qquad (5-2)$$

VS^M 表示考虑国内市场循环情况下中间产品出口增加值,其计算公式:

$$VS^M = \mu A^N (1 - A^D)^{-1} X \qquad\qquad (5-3)$$

μ 表示单位矩阵,A^N 表示中间产品的进口依存系数矩阵,A^D 表示国内消耗系数矩阵。

依据上述公式,2000—2013 年中国八大制造业对美国出口贸易附加值计算结果见表 5-1、图 5-1:

表 5-1　2000—2013 年中国八大制造业对美国出口贸易附加值

(单位：亿美元)

年份	食品制造	纺织服装	煤焦油加工	化学化工	非金属制造	金属制造	机械电子	其他制造	附加值总额	出口总额	附加值指数
2000	10.93	19.07	30.61	17.67	33.62	10.94	31.98	43.46	198.28	520.99	0.381
2001	12.65	19.95	35.16	18.63	33.24	11.83	34.38	44.71	210.54	542.83	0.388
2002	16.23	27.11	43.41	23.65	46.79	14.53	45.06	60.31	277.09	699.46	0.396
2003	20.97	35.03	55.33	35.79	59.93	23.76	59.31	97.53	387.65	924.67	0.419
2004	31.31	49.14	89.07	47.12	91.07	29.61	83.57	111.07	531.94	1249.42	0.426
2005	40.54	63.73	109.77	55.64	129.35	40.52	101.49	155.49	696.53	1628.91	0.428
2006	55.70	87.45	134.36	84.39	156.82	57.34	126.43	174.88	877.37	2034.48	0.431
2007	59.82	92.89	156.89	95.99	168.01	74.99	130.78	180.55	959.89	2208.02	0.435
2008	62.86	97.81	165.88	102.21	172.78	96.56	140.77	187.44	1026.30	2326.77	0.441
2009	69.91	103.99	176.1	109.34	184.99	110.45	160.23	195.23	1110.23	2523.84	0.440
2010	79.12	123.26	198.76	129.08	195.33	122.89	187.27	209.53	1245.24	2832.87	0.440
2011	95.03	141.27	227.47	149.28	230.06	157.93	198.36	236.05	1435.45	3244.53	0.442
2012	116.01	152.26	234.34	167.51	251.56	169.64	216.22	259.2	1566.74	3517.77	0.445
2013	126.02	170.21	251.01	188.92	279.73	174.8	229.02	265.26	1684.97	3684.06	0.457

资料来源：根据中国统计局网站、历年《中国企业年鉴》和《中国对外经济贸易年鉴》有关数据整理并计算得到。

(单位：亿美元)

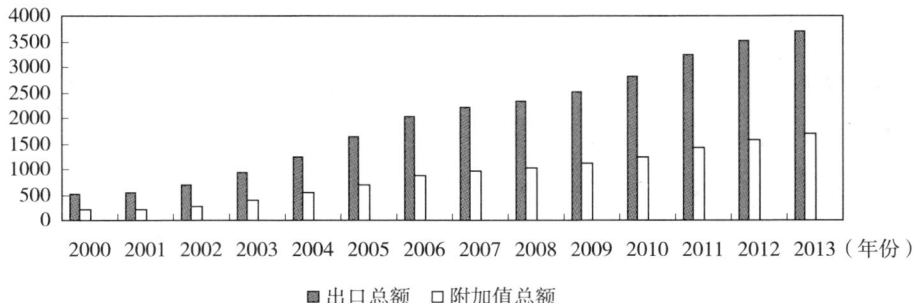

图 5-1　2000—2013 年中国八大制造业对美国出口贸易附加值

　　在过去十多年间,中国对美国出口额从 2000 年的 520.99 亿美元增长到 2013 年的 3684.06 亿美元,增长了近 7 倍;与此同时,中国制造业对美国出口贸易附加值呈现逐年上升的趋势,从 2000 年的 198.28 亿美元增长到 2013 年的 1684.97 亿美元,增长了 8.5 倍,出口贸易附加值与出口增长同方向变化,说明随着中美贸易的大幅增长,中国从中获得的静态贸易利益总量也在提升,而且,出口规模的扩大也给中国带来了贸易利得的增长。从中国制造业对美国出口附加值指数来说(代表向美国每出口一单位商品带来的附加值),2000 年制造业的出口附加值指数为 38.1%,2005 年为 42.8%,2010 年为 44.0%,2013 年为 45.7%,出口附加值指数呈现出逐年上升的趋势,说明中国制造业对美国出口,不但在出口绝对规模上有所扩大,而且附加值比重呈上升趋势,表现为中国在对输美商品的单位出口中,中国获得的增值越来越多,中国在长期内获取的静态贸易利益有所改善。但是,如果考虑到中国对美国出口主体是外资企业,这四成多的出口收益中,产权真正属于中国投入的资本、劳动和投入品所得的价值就要大打折扣。

三、垂直分工度

随着对垂直专业化分工程度研究的深入,凯莫潘和戈德堡 (Campan 和 Goldberg)、胡梅尔斯(Hummels)、库普曼(Koopman)、迪恩(Dean)、刘志彪、陈宏易、北京大学中国经济研究中心课题组等国内外学者各自建立了相应的经济指标进行度量,指标的构建日益科学合理。本书采用陈宏易(2005)垂直分工度的计算公式:

$$VSS = \frac{1}{X}\mu A^M (I - A^D)^{-1}X \qquad (5\text{-}4)$$

其中, $\mu = [1\cdots\cdots1]_{1\times n}$, $A^M = \begin{bmatrix} a_{11}\cdots a_{1n} \\ a_{ij} \\ a_{n1}\cdots a_{nn} \end{bmatrix}_{n\times n}$,表示进口中间产品

投入系数矩阵。$A^D = \begin{bmatrix} b_{11} \cdots b_{1n} \\ b_{ij} \\ b_{n1} \cdots b_{nn} \end{bmatrix}_{n \times n}$，表示国内生产中间产品投入系

数矩阵。X 表示部门进口向量。

表 5-2　2000—2013 年中国八大制造业对美国产品内垂直分工度

年份	食品制造	纺织服装	焦煤油加工	化学化工	非金属制品	金属制品	机械电子	其他制造
2000	0.046	0.074	0.069	0.131	0.043	0.137	0.192	0.140
2001	0.046	0.074	0.069	0.132	0.043	0.137	0.193	0.141
2002	0.046	0.075	0.070	0.133	0.043	0.139	0.194	0.142
2003	0.048	0.078	0.072	0.138	0.045	0.143	0.201	0.147
2004	0.048	0.077	0.072	0.137	0.044	0.142	0.199	0.146
2005	0.048	0.078	0.072	0.138	0.045	0.142	0.200	0.147
2006	0.049	0.084	0.075	0.138	0.046	0.149	0.221	0.148
2007	0.050	0.085	0.076	0.138	0.057	0.150	0.217	0.149
2008	0.051	0.086	0.077	0.139	0.058	0.151	0.235	0.150
2009	0.053	0.080	0.077	0.140	0.059	0.152	0.243	0.152
2010	0.054	0.081	0.080	0.142	0.062	0.155	0.246	0.154
2011	0.055	0.082	0.081	0.143	0.064	0.156	0.247	0.155
2012	0.055	0.084	0.083	0.143	0.065	0.158	0.249	0.158
2013	0.057	0.085	0.084	0.145	0.067	0.162	0.250	0.159

资料来源:根据中国统计局网站、历年《中国企业年鉴》和《中国对外经济贸易年鉴》有关数据整理并计算得到。

从表 5-2 我们可以看到,2000—2013 年中国八大制造业对美国产品内垂直分工度整体上呈现出上升缓慢趋势。垂直分工度最低的是食品制造业,从 2000 年的 4.6% 上升到 2013 年的 5.7%,最高的是机械电子业,从 2000 年的 19.2% 上升到 2013 年的 25%。化学化工行业、金属制品行业、其他制造行业垂直分工度从 2000 年的 13.1%、13.7%、14.0% 上升到 2013 年的 14.5%、16.2%、15.9%。纺织服装、

非金属制品、食品制造、焦煤油化工的垂直分工度较低,均不足10%。国内外学者如埃格尔(Egger,2011)、迪尔多夫(Deardorff,2001)、琼斯(Joans,2005)、王中华 梁俊伟(2008)通过实证研究,认为发展中国家,参与垂直专业化可以增进世界福利,垂直专业化分工的增加有助于增进发展中国家高技术劳动者的工资和就业水平,发达国家将劳动密集型工序转移到劳动力资源丰富的发展中国家能提高生产商在国际市场上的价格竞争力,垂直专业化分工有利于技术溢出,对发展中国家提升工业技术水平和劳动生产率大有裨益。相对而言,垂直专业化程度高的产业技术进步更快,对生产率的提高起促进作用。

四、显示性比较优势指数

显示性比较优势指数是美国经济学家巴拉萨(Balassa)在1965年提出的用于测算国际贸易比较优势的一种方法,但显示性比较优势并不是用于测算资源禀赋本身的比较优势,测算的是在国际市场中凭借技术实力和垄断地位获得的显性竞争优势。指数越大,表明一国的产业竞争力越强,在国际市场上对中间投入品的定价权越大,贸易利益分配比例越可能向其倾斜,获得的贸易利益就越多。它通过该产业在该国出口中所占的份额与世界贸易中该产业占世界贸易总额的份额之比来反映,剔除了国家总量波动和世界总量波动的影响,可以较好地反映一国某一产业的出口与世界平均出口的相对优势。本书显示性比较优势指数表示中国某商品出口额占中国商品出口总额的份额与该商品在美国的出口额占美国出口总额的份额的比率。

$$RCAX_{it} = \frac{X_{ci}}{X_c} \div \frac{X_{mi}}{X_m} \qquad (5-5)$$

其中,X_{ci} 表示中国第 i 种制造业部门第 t 年的出口额,X_c 表示

中国第 t 年的工业制成品出口总额。X_{mi} 表示美国第 i 种制造业部门第 t 年的出口额，X_m 表示美国第 t 年的工业制成品出口总额。

表 5-3　2000—2013 年中国八大制造业显示性比较优势指数

年份	食品制造	纺织服装	焦煤油加工	化学化工	非金属制品	金属制品	机械电子	其他制造
2000	0.506	9.004	1.695	0.448	1.326	1.576	0.588	2.034
2001	0.402	8.94	1.538	0.427	1.2	1.724	0.63	1.827
2002	0.369	8.271	1.532	0.371	1.168	1.651	0.687	1.847
2003	0.333	7.972	1.366	0.321	1.029	1.587	0.767	1.651
2004	0.196	7.73	1.14	0.305	0.958	1.72	0.831	1.558
2005	0.182	7.824	0.847	0.325	0.947	1.719	0.853	1.492
2006	0.176	8.623	0.544	0.326	0.967	1.731	0.877	1.447
2007	0.147	9.38	0.468	0.342	0.841	1.811	0.909	1.433
2008	0.115	9.627	0.358	0.367	0.829	1.873	0.968	1.404
2009	0.096	8.97	0.264	0.376	0.868	1.757	1.068	1.377
2010	0.092	8.709	0.218	0.366	0.788	1.627	1.082	1.375
2011	0.085	8.984	0.158	0.355	0.794	1.611	1.092	1.301
2012	0.085	9.032	0.157	0.352	0.793	1.652	1.126	1.296
2013	0.084	9.201	0.155	0.350	0.793	1.721	1.173	1.295

资料来源：根据中国统计局网站、历年（2001—2014）《中国企业年鉴》和《中国对外经济贸易年鉴》有关数据整理并计算得到。

RCA 指数侧重一国的出口绩效，比例越大，比较优势越明显。当 RCA 数值大于 2.50 时该产业具有极强比较优势；当 RCA 在 0.80—1.25 该产业具有中等比较优势。0.8 以下则处于比较劣势地位。从表 5-3 我们可以发现，中国的纺织服装业在对美出口方面历年数值都介于 7.73—9.627，表明中国纺织服装业对美出口具有非常强的比较优势，纺织服装业的出口可以获得较多的贸易利益；金属制品的 RCA 指数介于 1.576—1.873，具有中等比较优势，历年波动幅度都不大；其他制造 RCA 指数从 2000 年的 2.034 逐渐下降到 2013 年的 1.295，虽然尚在中等比较优势范围内，但是比较优势指数在逐渐下降,这表明了中国其他制造竞争力相对不足,获得的贸易附加值逐渐缩减,减少部分被美国获得;非金属制品 RCA 指数从 2000 年的 1.326 下降到 2013 年的 0.793,变化趋势是从中等比较优势滑落到比较劣势范畴;焦煤油加工 RCA 指数下滑最显著,从 2000 年的 1.695 滑落到 2013 年的 0.155,劣势非常显著;机械电子的 RCA 则从 2000 年的 0.588 上升到 2013 年的 1.173,从比较劣势上升到了中等比较优势,表明中国机械电子业竞争力逐渐增强,获得了比以前更多的贸易附加值;其他如食品制造、化学化工则一直处于比较劣势范畴,是劣势出口行业,贸易利益分配有利于美国。

五、规模经济指数

规模经济指数是指资产价值净增加值与企业总数的比例关系。它随着企业生产规模的扩大产出效率不断递增,规模经济指数可以用来测度生产规模与经济效果之间的关系,反映资源在企业的积聚效应。本书规模经济指数计算方法如下:

$$SE_{it} = \frac{Q_{it}}{m_{it}} \qquad (5-6)$$

其中,Q_{it} 表示第 i 部门第 t 年的净增加值,m_{it} 表示第 i 部门第 t 年的企业总数。

表 5-4 2000—2013 年中国八大制造业规模经济指数

年份	食品制造	纺织服装	焦煤油加工	化学化工	非金属制品	金属制品	机械电子	其他制造
2000	0.215	1.349	0.489	1.057	0.685	0.373	3.778	2.444
2001	0.267	1.443	0.524	1.074	0.713	0.428	4.035	2.515
2002	0.323	1.568	0.616	1.227	0.801	0.443	5.014	2.877
2003	0.347	1.746	0.662	1.412	0.899	0.491	5.833	3.360

续表

年份	食品制造	纺织服装	焦煤油加工	化学化工	非金属制品	金属制品	机械电子	其他制造
2004	0.404	1.847	0.686	1.466	0.928	0.541	6.232	3.576
2005	0.437	2.063	0.732	1.793	1.037	0.627	6.812	3.763
2006	0.493	2.319	0.777	1.993	1.213	0.744	7.855	4.075
2007	0.501	2.520	0.782	2.318	1.205	0.733	7.897	4.088
2008	0.530	2.625	0.798	2.404	1.326	0.767	7.998	3.676
2009	0.546	2.669	0.617	2.324	1.331	0.783	8.129	4.102
2010	0.547	2.751	0.638	2.333	1.335	0.790	8.201	4.201
2011	0.552	2.759	0.651	2.340	1.437	0.797	8.210	4.273
2012	0.560	2.760	0.655	2.341	1.441	0.802	8.312	4.310
2013	0.565	2.765	0.660	2.353	1.506	0.816	8.426	4.356

资料来源:根据中国统计局网站、历年《中国企业年鉴》有关数据整理并计算得到。

从表 5-4 可以看出机械电子的规模经济指数从 2000 年的 3.778 上升到 2013 年的 8.426,其他制造业的规模经济指数从 2000 年的 2.444 上升到 2013 年的 4.356,纺织服装业的规模经济指数从 2000 年的 1.349 上升到 2013 年的 2.765,企业规模经济指数大,表明企业经济发展状况良好,可以扩大再生产。

六、出口商品结构相似度指数

商品结构相似度指数(ESI),表示一个国家出口商品与全球高端价值链环节的相对差距,其计算公式如下:

$$ESI_{ct} = \sum_{j=1}^{n} \mathrm{Min}(S_{cjt}, S_{mjt}) \tag{5-7}$$

S_{cjt} 表示中国第 j 商品第 t 年出口额占出口总额的比例;S_{mjt} 表示美国第 j 商品第 t 年出口额占出口总额的比例。$ESI \in [0,1]$,ESI 越大,说明中国和美国的出口商品结构相似度越高,越接近高端价值链商品。

表 5-5　2000—2013 年中美出口商品结构相似度指数

年份	ESI	年份	ESI	年份	ESI
2000	0.810	2005	0.824	2010	0.842
2001	0.821	2006	0.811	2011	0.845
2002	0.843	2007	0.824	2012	0.850
2003	0.830	2008	0.826	2013	0.856
2004	0.815	2009	0.835		

资料来源：根据中国统计局网站、历年(2001—2014)《中国企业年鉴》和《中国对外经济贸易年鉴》有关数据整理并计算得到。

第二节　中美增加值贸易利益分配的实证分析

一、模型设定

为了考察影响中美贸易附加值分配的影响因素，特设定以下面板计量经济模型：

$$VAS = C + \beta_1 VSS + \beta_2 SE + \beta_3 RCAX + \beta_3 X + \beta_4 ESI + \varepsilon$$

$$(5-8)$$

其中，VAS 表示中国八大制造业对美国出口贸易附加值，VSS 表示中国八大制造业对美国产品内垂直分工度，SE 表示中国八大制造业规模经济指数，$RCAX$ 表示中国八大制造业显示性比较优势指数，X 表示中国对美国出口额，ESI 表示中美出口商品结构相似度指数，ε 表示随机误差项。

二、变量的描述性统计

关于(5-8)式模型中的被解释变量、解释变量的描述性统计情况见表 5-6 所示。

表5-6　各变量的描述性统计情况

变量		均值	标准差	最小值	最大值
被解释变量	VAS	109.0027	71.86026	10.93000	279.7300
解释变量	VSS	0.114393	0.056706	0.043000	0.250000
	SE	2.201187	2.161342	0.215000	8.426000
	RCAX	1.524071	0.224792	1.295000	2.034000
	X	256.4522	55.59160	27.14600	598.9940
	ESI	0.830857	0.014164	0.810000	0.856000

三、单位根检验

由于面板数据在时间序列数据的基础上加入了截面元素,这样往往会增加相关变量的非平稳性,故为了防止模型的虚假回归,必须要进行变量平稳性检验,以防止虚假回归,从而增加最后结果的可信度。否则,即使最后回归结果拟合度较高,其未必具有经济含义。

面板数据的平稳性检验通常要用到以下四种方法,即 Levin, Lin&Chu t * 检验、Im, Pesaran and Shin W-stat 检验、ADF-Fisher Chi-square 检验、PP-Fisher Chi-square,本节接下来同时使用这四种方法进行面板单位根的检验,从而来确保最终回归结果的有效性。检验结果如表5-7所示。

表5-7　单位根检验结果

检验方法	Levin, Lin&Chu t *			Im, Pesaran and Shin W-stat		
	统计量	P 值	结论	统计量	P 值	结论
D(VAS)	−4.03337	0.0000	平稳	−1.73680	0.0412	平稳
D(VSS)	−9.49327	0.0000	平稳	−5.25417	0.0000	平稳
D(SE)	−7.47916	0.0000	平稳	−4.18010	0.0000	平稳

续表

检验方法	Levin,Lin&Chu t *			Im,Pesaran and Shin W-stat		
	统计量	P 值	结论	统计量	P 值	结论
D(RCAX)	−7. 19472	0. 0000	平稳	−4. 43562	0. 0000	平稳
D(X)	−3. 97566	0. 0000	平稳	−1. 67100	0. 0474	平稳
D(ESI)	−3. 49809	0. 0002	平稳	−2. 21894	0. 0132	平稳
检验方法	ADF-Fisher Chi-square			PP-Fisher Chi-square		
	统计量	P 值	结论	统计量	P 值	结论
D(VAS)	24. 3098	0. 0830	平稳	34. 4759	0. 0047	平稳
D(VSS)	53. 1843	0. 0000	平稳	79. 5416	0. 0000	平稳
D(SE)	44. 1994	0. 0002	平稳	63. 0046	0. 0000	平稳
D(RCAX)	45. 3421	0. 0001	平稳	61. 6974	0. 0000	平稳
D(X)	23. 9422	0. 0908	平稳	36. 0936	0. 0028	平稳
D(ESI)	7. 94610	0. 0188	平稳	8. 18949	0. 0167	平稳

四、协整分析

本节同时选用 Pedroni 与 Kao 两种检验法对模型变量进行做协整检验。这两种检验法的原假设均为"所有变量都不存在协整关系",并且根据面板数据得到的残差统计量来进行验断和判断。Pedroni 检验是建立在 E-G 两步检验法基础上,主要采用协整方程来估计截面间的固定效应系数、斜系数以及趋势系数,并构建 7 个面板协整统计量来检验回归的残差的平稳性。这种检验法的原假设为"面板变量间没有协整关系"。

根据备择假设通常分为以下两种情况:第一种情况是维度内的检验,主要是检验同质面板协整关系,其主要统计量有:方差率检验统计量(Panel v-Statistic)、ρ 检验统计量(Panel rho-Statistic)、PP 检验统计量(Panel-PP-Statistic)、t 检验统计量(Panel ADF-Statistic);第二种情况为维度间检验,目的是验证不同面板的协整关系。该检验的统计量有:t 检验统计量(Group ADF-Statistic)、ρ 检验统计量(Group rho-Statistic)、PP 检验统计量(Group PP-Statistic)。Kao 检验也是建立在 E-G 两步检验法基础上,其检验统计量为 ADF。2003年 Luciano 发现,当 T 相对小时,Kao 检验方法相对于 Pedroni 检验方法似乎更为有效。协整检验结果如表5-8所示。

由表5-8可知,除了 Panel v-Statistic 和 Group rho-Statistic 未能通过显著性检验(其 P 值分别为 0.1502 和 0.1456),其余各指标均通过了 5% 或 10% 的显著性水平检验,由此从整体上可以作出判断,模型中各变量之间存在着协整关系。

表 5-8　协整检验结果

检验方法	统计量		P 值
pedroni 检验	Panel rho-Statistic	5.462032	0.0000
	Panel v-Statistic	0.459780	0.1502
	Panel ADF-Statistic	−2.766286	0.0028
	Panel PP-Statistic	−1.513691	0.0651
	Group rho-Statistic	0.762971	0.1456
	Group ADF-Statistic	−7.020489	0.0000
	Group PP-Statistic	−3.476715	0.0003
Kao 检验	ADF	−2.058094	0.0198

五、面板数据模型选择

面板数据模型通常分为混合模型、固定效应模型与随机效应模型。

(一)混合模型估计

我们首先进行混合模型估计,其估计结果如下:

表 5-9 混合模型估计

Variable	Coefficient	Std.Error	t-Statistic	Prob.
C	−59.98943	54.64260	−1.097851	0.2748
VSS	124.2601	24.32626	5.108065	0.0000
SE	−0.559491	0.660348	−0.847268	0.3988
$RCAX$	−0.820975	0.306165	−2.681477	0.0085
X	0.450307	0.006620	68.01903	0.0000
ESI	50.64293	67.24490	0.753112	0.4531

根据检验结果,可以写出相应的估计方程为:

$$VAS = -59.9894 + 124.2601VSS - 0.5595SE -$$

$$0.8210RCAX + 0.4503X + 50.6429ESI \qquad (5-9)$$

（二）截面维固定效应模型估计

接下来,进行截面维固定效应模型估计,其估计结果如下:

表 5-10 固定效应模型的估计

Variable	Coefficient	Std.Error	t-Statistic	Prob.
C	−110.1266	38.08802	−2.891371	0.0047
VSS	424.5098	103.7605	4.091248	0.0001
SE	−1.039571	1.390136	−0.747820	0.4563
$RCAX$	−1.017341	1.902383	−0.534772	0.5940
X	0.429548	0.007251	59.23838	0.0000
ESI	77.77430	48.01515	1.619787	0.1085

根据检验结果,可以写出相应的估计方程:

$$VAS = -110.1266 + 424.5098VSS - 1.0396SE -$$

$$1.0173RCAX + 0.4295X + 77.7743ESI \qquad (5-10)$$

（三）混合模型与截面维固定效应模型的选择

相对于混合模型与固定效应模型而言,应选择哪个更为合适呢?

为此,需要进行固定效应模型的冗余性检验,其检验结果如下：

表5-11　截面维固定效应模型的冗余性检验

Effects Test	Statistic	d.f.	Prob.
Cross-section F	21.593393	(7,99)	0.0000
Cross-section Chi-square	103.819057	7	0.0000

检验结果可以看出,通过了1%的显著性水平检验,因此拒绝冗余,故应放弃混合模型,从而选择固定效应模型更为合适。

（四）截面维随机效应模型估计

截面维随机效应模型估计结果如下：

表5-12　随机效应模型估计

Variable	Coefficient	Std.Error	t-Statistic	Prob.
C	-101.2909	37.99788	-2.665700	0.0089
VSS	206.7387	64.50683	3.204912	0.0018
SE	-0.211428	1.208808	-0.174906	0.8615
RCAX	-0.364963	1.050347	-0.347469	0.7289
X	0.438406	0.005866	74.73830	0.0000
ESI	90.71095	47.30929	1.917403	0.0579

根据检验结果,可以写出相应的估计方程为：

$$VAS = -101.2909 + 206.7387VSS - 0.2114SE -$$
$$0.3650RCAX + 0.4384X + 90.7110ESI \qquad (5-11)$$

（五）截面维固定效应模型与随机效应模型选择——Hausman检验

接下来需要进行 Hausman 检验,以确定选择随机效应还是固定效应模型,其检验结果如下：

表 5-13 Hausman 检验

Test Summary	Chi-Sq.Statistic	Chi-Sq.d.f.	Prob.
Cross-section random	9.207756	5	0.0561

Hausman 检验统计量为 9.2078,相应的伴随概率为 0.0561,因此,我们有理由拒绝原假设"随机效应模型和固定效应模型没有系统差异",从而就可以判断两者之间必然存在着系统差异,故本节应选择固定效应模型。

通过对截面维和时期维的固定效应模型和随机效应模型的比较,我们认为建立固定效应变截距模型来考察中美贸易附加值分配的影响因素较为合适。

因此,最终回归结果如下:

$$VAS = -110.1266 + 424.5098VSS - 1.0396SE$$
$$- 1.0173RCAX + 0.4295X + 77.7743ESI \quad (5-12)$$

由上述方程可以看出,中国八大制造业对美国出口贸易附加值与中国八大制造业对美国产品内垂直分工度 VSS、中国对美国出口额 X、中美出口商品结构相似度指数 ESI 成正向变化,而与中国八大制造业规模经济指数 SE、显示性比较优势指数 $RCAX$ 成反向变化。其中出口贸易附加值的垂直分工度弹性约为 424.5098,这表明,中国参与产品内国际分工越深化,贸易附加值增加得也越多。所以,中国各行业应充分参与产品内的国际分工,承接更多的国际产品分工环节,进一步增强中国在产品内分工中应得的贸易利益。在参与产品内分工的产业数量增加的同时,要注重参与分工的产品参与质量,尽力向价值链两端提升,提高出口贸易利得。出口贸易附加值的出口弹性约为 0.4295,表示中国对美国的出口每增加 1%,中国的出口贸易附加值增加约 0.4295%。中国的出口商品结构相似度指数的弹性为 77.7743,表示中国出口商品结构相似度指数每提高 1%,中

国的出口贸易附加值增加约 77.7743%。规模经济和比较优势指数
的弹性分别为-1.0396 和-1.0173,但其弹性均不显著。

第三节　中美增加值贸易利益
分配的拓展性分析

为了进一步考察中美增加值贸易的利益分配,我们以中间品贸
易为视角,将研究范围扩展到 31 个行业部门,进而揭示行业生产率
和工序分工对中间品出口贸易的影响。

一、模型设定

基于本书第三章有关理论的分析,我们将以中间品出口额作为
被解释变量,设定包含行业生产率指标和工序分工指标为解释变量,
行业平均产出、行业平均工资水平和行业利润总额为控制变量的面
板数据模型,并重点关注行业生产率和工序分工对中间品出口的影
响。模型初步设定如下:

$$Export_{it} = C + \alpha_1 TFP_{it} + \alpha_2 VS_{it} + \alpha_3 Wage_{it} + \alpha_4 Qp_{it} + \alpha_5 Profit_{it} + \varepsilon$$

$$(5-13)$$

其中,$Export$(行业中间品出口总额)、TFP(测算的全要素生产
率)、VS(工序分工指标)、$Wage$(行业平均工资水平)、Qp(行业平均
产出)、$Profit$(行业利润总额)。C 和 ε 分别是常数和随机误差项;i
和 t 分别表示行业截面和时间;a_1、a_2、a_3、a_4 和 a_5 则为解释变量的
系数,代表各变量对行业出口总额的边际影响。

二、数据来源与统计性描述

本书选取中美中间品贸易的行业部门作为研究对象,而对于中
间品生产部门的界定,我们按照联合国经社理事会统计司发布的

《经济大类分类标准》(BEC)将产品分为资本品、中间品和消费品的划分方法,通过与5位数的《国际贸易标准分类》(SITC Rev. 3)重新集结转换形成31个中间品生产部门。同时借鉴盛斌等(2008)和马涛等(2010)的筛选方法,通过联合国商品贸易统计数据库(UN Commodity Trade Statistics Database)加总计算,得出中美细分行业的中间品进出口贸易值,且将其分为初级产品部门、劳动和资源密集制造部门及技术、资本密集制造部门三类。①

此外,本节所用到的解释变量及控制变量的数据主要来源于历年《中国统计年鉴》《中国工业经济统计年鉴》,其中平均工资数据来源于历年《中国劳动统计年鉴》。而工序分工和全要素生产率指标,则由笔者根据如下方法测算所得,并在此基础上,将所用主要变量指标进行描述性统计(见表5-14)。

表5-14 各变量的描述性统计

变量名称	最终使用变量	单位	样本量	均值	标准差
中间品出口总额	ln *Export*	亿元	403	331.458967	643.8778557
全要素生产率指标	*TFP*		403	1.11067	0.160892
工序分工指标	ln *VS*		403	0.3136	0.2724
行业平均工资水平	ln *Wage*	元	403	9.5793	0.5383
行业平均产出	ln *Qp*	亿元	403	2.5379	6.6718
行业利润总额	ln *Profit*	亿元	403	497.842	757.25927

注:考虑到取对数后 *TFP* 指标有为0的可能,我们的回归分析中没有对其取对数,但这并不会影响总体回归效果。

资料来源:根据联合国商品贸易统计数据库及历年《中国统计年鉴》《中国工业经济统计年鉴》和《中国劳动统计年鉴》等整理所得。

---

① 根据 UNCTAD(2002)、盛斌和马涛(2008)的划分,中间产品工业部门可分为初级产品部门、劳动和资源密集制造部门、低技术制造部门、中等技术制造部门、高技术制造部门和未分类的部门六大类。而本书根据研究需要,将低技术制造部门、中等技术制造部门、高技术制造部门统一归结为技术、资本密集制造部门,并将未分类部门中的印刷业记录媒介的复印和文教体育用品制造业纳入技术、资本密集制造部门。

（1）工序分工指标（VS）。对于工序分工的指标测算，学术界还未统一界定，已有研究多根据胡梅尔斯（Hummels 等,2001）出口贸易垂直专业化的测算方法进行调整。本书在此基础上结合中美中间品贸易的现实，考虑数据的可得性，将工序分工指标（VS）设定为行业中间品进口所创造附加值占行业总出口的比重；同时对进出口额均以当年美元对人民币的年平均汇率进行折算，汇率数据来源于历年《国际金融统计年鉴》。

（2）行业平均产出（Qp）。本书将历年分行业的规模以上工业企业总产值除以相应行业的企业单位个数表示行业平均产出，并以此衡量各行业的生产规模和生产能力。

（3）全要素生产率指标（TFP）。对于分行业全要素生产率指标的测算，本书采用学术界常用的 DEA Malmquist 指数法（Malmquist, 1953；Fare,Grosskopf & Ross,1989,1994），并根据法尔（Fare 等,1994, 1997）的研究，将每一个生产决策单元（DMU）分为 DMU 投入要求集和 DMU 产出可能集，同时将 Malmquist 要素生产率变动分解为技术效率变化（$Effch$）和技术进步变化（$Techch$）（Caves 等,1982）。在指标选取上，我们以行业固定资产净值（K）和年平均从业人员数（L）作为投入变量，以年行业总产值作为产出变量；同时为剔除价格因素影响，我们利用历年固定资产投资指数和工业品出厂价格指数对 K 和 L 进行价格平减。利用 DEAP 2.1 软件进行 DEA Malmquist 分析，估算各行业 1999—2010 年的全要素生产率增长情况，具体如表5-15所示。

表5-15　DEA 方法测算 1999—2010 年中国 31 个行业
分部门的 TFP 增长率情况

行　　业		1999	2000	2001	2002	2003	2004	2005	2006	2007	2008	2009	2010
初级产品部门	煤炭采选业	0.83	1.05	1.16	1.19	1.12	1.69	1.12	1.01	1.09	1.24	0.92	1.19
	石油和天然气开采业	1.20	1.80	0.96	0.94	1.15	1.22	1.36	1.10	1.00	1.13	0.65	1.30

续表

行　　业		1999	2000	2001	2002	2003	2004	2005	2006	2007	2008	2009	2010
初级产品部门	有色金属矿采选业	1.05	1.08	1.02	1.11	1.23	1.51	1.14	1.18	1.09	0.91	0.89	1.07
	非金属矿采选业	1.00	0.83	1.05	1.12	1.22	2.59	0.73	1.10	1.20	1.07	1.11	1.17
	食品加工和制造业	1.00	1.10	1.14	1.12	1.15	1.29	1.02	1.07	1.19	1.11	0.99	1.08
	饮料制造业	1.04	1.10	1.11	1.11	1.10	1.24	1.06	1.17	1.19	1.08	1.04	1.09
	烟草加工业	1.04	1.10	1.22	1.27	1.15	1.22	1.12	1.12	1.17	1.10	1.00	1.13
	化学纤维制造业	1.37	1.32	0.93	1.22	1.58	1.26	1.26	1.17	1.20	0.98	0.99	1.23
	有色金属冶炼延压加工业	1.08	1.25	1.09	1.12	1.29	1.60	1.15	1.44	1.18	0.92	0.86	1.23
劳动和资源密集制造部门	纺织业	1.04	1.17	1.07	1.10	1.10	1.30	0.99	1.08	1.11	1.03	1.05	1.13
	服装其他纤维制品制造业	1.00	1.09	1.06	1.02	1.07	1.19	0.92	1.05	1.03	1.00	1.06	1.04
	皮革毛皮羽绒及其制品业	1.00	1.09	1.14	1.05	1.09	1.18	0.94	1.07	1.08	0.96	1.03	1.07
	木材加工竹藤棕草制品业	1.09	1.12	1.08	1.09	1.11	1.66	0.83	1.15	1.27	1.12	1.11	1.13
	家具制造业	1.03	1.06	1.12	1.04	1.11	1.59	0.78	1.02	1.04	1.13	1.02	1.10
	造纸及纸制品业	1.08	1.27	1.18	1.17	1.19	1.47	0.92	1.10	1.16	1.09	0.99	1.18
	石油加工及炼焦业	1.25	1.65	1.09	1.05	1.38	1.45	1.18	1.19	1.05	1.23	0.92	1.28
	非金属矿物制品业	1.05	1.13	1.14	1.11	1.18	1.57	0.87	1.19	1.23	1.14	1.06	1.18
技术与资本密集制造部门	印刷业记录媒介的复印	1.00	1.07	1.09	1.09	1.10	1.48	0.75	1.10	1.18	1.13	1.02	1.11
	文教体育用品制造业	1.00	1.08	1.07	0.99	1.12	1.20	0.93	1.07	1.05	1.00	0.99	1.11
	化学原料化学制品制造业	1.08	1.26	1.17	1.17	1.27	1.48	1.08	1.09	1.18	1.09	0.95	1.18
	医药制造业	1.02	1.09	1.03	1.03	1.04	1.01	1.07	1.10	1.20	1.11	1.06	1.12
	橡胶制品业	0.94	1.08	0.98	1.18	1.19	1.26	0.98	1.11	1.06	1.08	1.02	1.12
	塑料制品业	1.04	1.24	1.14	1.12	1.16	1.47	0.89	1.15	1.18	1.07	1.02	1.10
	黑色金属冶炼延压加工业	1.05	1.23	1.28	1.12	1.48	1.64	1.12	1.00	1.14	1.22	0.89	1.11
	金属制品业	1.04	1.11	1.05	1.13	1.18	1.38	0.89	1.10	1.12	1.05	0.92	1.06

续表

行　业		1999	2000	2001	2002	2003	2004	2005	2006	2007	2008	2009	2010
技术与资本密集制造部门	普通机械制造业	1.04	1.12	1.15	1.18	1.24	1.52	0.93	1.10	1.11	1.04	0.95	1.01
	专用设备制造业	1.04	1.13	1.09	1.20	1.06	1.39	0.95	1.12	1.12	1.02	0.98	1.08
	交通运输设备制造业	1.05	1.13	1.15	1.23	1.24	1.14	0.95	1.08	1.18	1.04	1.02	1.14
	电气机械及器材制造业	1.06	1.18	1.09	1.07	1.20	1.27	1.02	1.13	1.11	1.03	0.92	1.04
	电子及通信设备制造业	1.11	1.22	1.04	1.11	1.21	1.14	1.02	1.07	1.00	0.99	0.94	0.92
	仪器仪表文化办公用机械	1.06	1.24	1.05	1.11	1.20	1.26	1.02	1.11	1.08	0.97	0.91	1.03

资料来源：根据 DEAP 2.1 软件运算结果整理所得。

三、面板数据的回归结果

基于上述基本方程式，我们首先对 31 个行业总体进行面板数据回归，得到工序分工和全要素生产率等变量对中美中间品贸易的影响及相互关系。对于面板数据的分析，我们可以选择固定效应模型（Fixed Effects Model）和随机效应模型（Random Effects Model），而根据 Hausman 检验结果发现，随机效应模型的检验拒绝原假设，即选择固定效应模型显然优于随机效应模型（见表5-16）。为此，下面的分析主要基于固定效应模型的回归结果。

表5-16　中间品细分行业和分部门面板数据的回归结果（1999—2010 年）

解释变量	模型 I	模型 II	模型 III	模型 IV
	总体分析	初级产品部门	劳动和资源密集制造部门	技术、资本密集制造部门
C	26.3933 ***	38.6984 ***	4.2971 *	17.0238 ***
	(8.9064)	(6.4883)	(0.6797)	(4.9186)
TFP	−1.188442 **	−0.3257	−0.8940 *	−0.83015 **
	(−2.4804)	(−0.4482)	(−1.1880)	(−2.0687)

续表

解释变量	模型 I	模型 II	模型 III	模型 IV
	总体分析	初级产品部门	劳动和资源密集制造部门	技术、资本密集制造部门
lnVS	0.493463 *** (28.1096)	0.3126 *** (9.2055)	0.1650 ** (2.1445)	0.4872 *** (24.9985)
ln$Wage$	−2.002099 *** (−4.2623)	−4.1484 *** (−4.4761)	5.4645 *** (4.5197)	−1.7682 *** (−3.6180)
lnQp	0.364491 *** (2.8815)	0.7929 *** (3.6193)	−1.9608 *** (−5.3967)	0.83 *** (7.3724)
ln$profit$	0.292912 *** (4.2092)	0.4986 *** (3.9635)	0.2422 * (1.9597)	0.0325 (0.5843)
R^2	0.7864	0.7096	0.5720	0.8822
Adjusted R^2	0.7661	0.6730	0.4420	0.8692
F	38.6122	19.3622	4.4001	67.8314
D.W.	1.7770	2.3172	1.8334	2.2209
Hausman	18.2902	14.5790	13.6399	26.0838
样本总数	403	117	104	182

注:统计指标第二行为对应 t 统计量;*、**、*** 分别表示 10%、5% 和 1% 的显著水平,Hausman 检验同上。

通过表 5-16 模型 I 的分析可以看出,解释变量全要素生产率 (TFP) 和工序分工指标(VS)均表现出与中间品出口贸易总额显著的相关性,且控制变量也都在不同显著水平上相关。但值得关注的是,TFP 表现出与中间品出口总额显著的负相关,即中国行业生产率的提升并没有促进,甚至在一定程度上阻碍了中间品贸易的出口;反倒 VS 表现出较强的正相关,表明工序分工的深化明显推动了中间品贸易的出口。为此,对于 TFP 的"异常反应",我们有必要进一步细分行业部门研究对不同产品门类的影响,探寻此现象背后的内在机理。

表 5-16 中模型 II、III 和 IV 分别给出了初级产品部门、劳动和资源密集制造部门及技术、资本密集制造部门的回归结果。分析显示,

除模型Ⅱ中 TFP 与中间品出口总额的关系不太显著外，模型Ⅲ和Ⅳ均保持了与模型Ⅰ结果的一致性，即认为 TFP 与中间品出口总额显著负相关；而工序分工指标(VS)则始终保持与中间品出口总额稳健的正相关，反映了分工水平的提升促进了各部门的出口贸易和对外开放。

对此现象的解释，我们可以分析如下：(1)工序分工与中间品贸易出口稳健的正相关，凸显了 20 世纪 90 年代末，尤其是加入 WTO 以来，中国参与国际分工水平和程度的显著加深，这不仅反映在价值链分割细化和贸易结构变迁上，也在对美贸易连续多年的贸易顺差中有较好的体现。(2)以 TFP 衡量的异质性生产率水平表现出与中间品贸易出口的集体负相关，体现了"生产率悖论"①在中间品部门的存在性，这表明行业技术水平的提升与中国中间品贸易结构并不相称。反观两国在中间品贸易中的分工地位，不难发现，长期从事低技术的劳动密集型工序的生产在一定程度上扭曲了中国的产业结构，刺激了大量使用廉价劳动力投入的中间品加工贸易部门的发展，加剧了中间品贸易结构的失衡。而行业平均工资水平变量(Wage)的总体分析显示出与中间品出口的负相关，则进一步佐证了上述论断。(3)来自分部门更为细致的分析显示，劳动和资源密集制造部门的中间品出口对 TFP 变量最为敏感(系数绝对值最大)，而对工序分工指标则不太敏感(系数绝对值最小)。这表明，一方面生产率进步推动了高技术中间品的生产和出口，挤压了劳动和资源密集制造部门中间品的生存空间②；另一方面，长期对于劳动力成本和资源优势的陶醉，在一定程度上固化了对"低成本——高贸易额——低利

---

① 国内学者李春顶(2010)、赵伟等(2011)的研究均基于异质性企业贸易理论证实了制成品出口中普遍存在"生产率悖论"的现象，而本节的分析主要从中间品层面展开。

② 对于初级产品部门，根据本节的划分主要以资源开采类的行业为主，所以在当前技术条件下，该部门中间品出口主要受资源禀赋所限，生产率的影响作用相对较小；本节的实证分析也一定程度上证实了这一点。

润"的加工贸易模式的路径依赖,因此工序分工的深化对该部门的影响相对薄弱。

第四节　中美增加值贸易与总值贸易利益的比较分析

一、中美增加值贸易和总值贸易

如前所述,工序分工和贸易客观上造成了全球生产和价值形成的分割。如果用传统的原产地和总值贸易统计方法来核算重复跨境贸易量和贸易利益归属,势必引起统计误差。与总值贸易相比,增加值贸易不仅可以较好地厘清各国贸易真实的国别结构、贸易依存度和失衡情况,而且还能反映工序分工对国际贸易格局和劳动力跨境转移等方面产生的深刻影响。

中美增加值贸易和总值贸易情况如表5-17所示:

表5-17　中美八大制造业增加值贸易额和总值贸易额

(单位:亿美元)

行业	2000 年				2013 年			
	增加值出口	增加值进口	总值出口	总值进口	增加值出口	增加值进口	总值出口	总值进口
食品制造	3.11	0.46	1.33	0.61	8.87	1.72	4.84	2.05
纺织服装	6.12	0.18	13.77	0.11	24.56	0.55	49.01	0.32
焦煤油加工	1.15	0.47	0.12	0.17	4.05	1.53	0.28	0.47
化学化工	5.31	2.05	3.23	3.84	21.98	8.16	13.22	14.32
非金属制品	3.15	0.57	4.66	0.61	12.87	2.13	19.02	2.55
金属制品	7.21	1.82	4.77	0.72	28.66	7.03	18.78	2.45
机械电子	18.33	7.34	49.34	8.02	64.03	30.58	165.21	36.34
其他制造	2.82	0.39	13.21	1.95	11.27	1.43	48.15	7.89

资料来源:根据中国统计局网站、历年《中国企业年鉴》和《中国对外经济贸易年鉴》有关数据整理并计算得到。

从表5-17可以看出,机械电子的增加值出口与总值出口的差额远高于其他行业,其原因主要是由于机械电子部门的全球垂直分工程度远高于一般制造部门,所以产品中自然包括多国的价值增值。同时我们还看到,纺织服装、非金属制品和机械电子以及其他制造四个部门,增加值出口少于总值出口,说明这些行业在全球价值链分工程度可能高于其他部门,从而导致生产中的中间产品在多个国家流转而导致重复计算。

中美增加值贸易和总值贸易的结构如表5-18所示:

表5-18　中美增加值贸易结构和总值贸易结构　　（单位:%）

行业	2000年				2013年			
	增加值出口	增加值进口	总值出口	总值进口	增加值出口	增加值进口	总值出口	总值进口
食品制造	6.59	3.46	1.47	3.81	4.92	3.43	1.41	3.45
纺织服装	12.97	1.36	15.23	0.69	13.62	1.10	14.27	0.54
焦煤油加工	2.44	3.54	0.13	1.06	2.25	3.05	0.08	0.79
化学化工	11.25	15.44	3.57	23.96	12.19	16.28	3.85	24.11
非金属制品	6.67	4.29	5.15	3.79	7.14	4.25	5.54	4.29
金属制品	15.28	13.70	5.27	4.49	15.90	14.02	5.47	4.13
机械电子	38.83	55.27	54.56	50.03	35.52	61.00	48.09	61.19
其他制造	5.97	2.94	14.61	12.16	6.25	2.85	14.02	13.29

资料来源:根据中国统计局网站、历年《中国企业年鉴》和《中国对外经济贸易年鉴》有关数据整理并计算得到。

从贸易结构来看,化学化工产品的增加值出口和总值出口在2000—2013年略有上升,增加值进口从2000年的11.25%上升到2013年12.19%,总值进口从23.96%上升到2013年的24.11%。说明在化学化工产品项目上增加值进口统计和总值进口统计变化趋势一致,都呈现出略微增长的态势。然而与此形成鲜明对比的是,2000年机械电子的增加值出口和总值出口呈现下降的趋势,而增加值进口和总值进口呈现上升趋势。其中,2000年,增加值出口和总值出口分别为38.83%、54.56%,2013年,增加值出口和总值出口分别下降为35.52%和48.09%。2000年增加值进口和总值进口分别为55.27%和50.03%,2013年增加值进口和总值进口分别为61%和61.19%。说明机械电子产品项目上增加值出口远小于总值出口,说明中国这一项目的很多中间投入品来自其他国家生产,参与利润分成的包括其他国家成分;总值进口与增加值进口差异较小,说明美国的这一项目生产基本上都由国内企业独立完成,利润也在其国内企业之间进行分配。

二、中美双边贸易价值增值的分解

借鉴王岚、盛斌关于增加值贸易的研究方法,以三国模型为例,一个是中国,用下标 c(China)表示,一个是美国,用下标 a(America)表示,第三个国家用下标 b 表示。假设产品市场均衡,则:

$$y_c = \beta_{cc}y_c + \beta_{ca}y_a + \beta_{cb}y_b + f_{cc} + f_{ca} + f_{cb} \qquad (5\text{-}14)$$

其中,y_c 表示中国总产出,y_a 表示美国总产出,y_b 表示第三国总产出。β_{cc} 表示中国产品自身的直接消耗系数,β_{ca} 表示美国产品生产对中国中间产品直接消耗系数,β_{cb} 表示第三国生产对中国中间产品直接消耗系数。f_{cc} 表示中国对自身产品的最终需求,f_{ca} 表示美国对中国产品的最终需求,f_{cb} 表示第三国对中国产品的最终需求。

$$\begin{bmatrix} Y_c \\ Y_b \\ Y_a \end{bmatrix} = \begin{bmatrix} I-A_{cc}\cdots -A_{ca} \\ \vdots \quad \vdots \quad \vdots \\ -A_{ac}\cdots I-A_{aa} \end{bmatrix}^{-1} \begin{bmatrix} F_c \\ F_b \\ F_a \end{bmatrix} \qquad (5\text{-}15)$$

其中,Y_c 表示中国总产出,Y_a 表示美国总产出,Y_b 表示第三国总产出,F_c 表示中国对自身产出的最终需求,F_a 表示美国对自身产出的最终需求,F_b 表示第三国对自身产出的最终需求,A_{ca} 表示美国对中国中间产品直接消耗系数等等。

假设
$$L = (I - A)^{-1} = \begin{bmatrix} L_{cc} \cdots L_{ca} \\ \vdots \ \vdots \ \vdots \\ L_{ac} \cdots L_{aa} \end{bmatrix} \tag{5-16}$$

其中,L_{ca} 表示美国最终需求增加 1 单位时,需要消耗的中国产出,即完全消耗系数。令 V_c、V_a 分别表示中国和美国各部门直接价值增值的系数向量。则中国对美国的增加值出口(VBE_{ca})可以表示为:

$$VBE_{ca} = V_c L_{cc} F_{ca} + V_c L_{ca} F_{aa} + V_c L_{cb} F_{ba} \tag{5-17}$$

F_{ca} 表示中国对美国的最终需求。中国对美国增加值出口可分解为:一是中国出口到美国的最终消费品中中国的价值增值 $V_c L_{cc} F_{ca}$。二是中国对美国出口中间物品供其生产国内最终消费产品的中国价值增值 $V_c L_{ca} F_{aa}$。三是中国对其他国出口中供其满足美国最终产品需求的中国价值增值 $V_c L_{cb} F_{ba}$。

基于三国贸易模型,如果仅考虑中美两国的双边贸易,则中国对美国出口价值增值为:

$$T^{ca} = [v^c v^a v^b] \begin{bmatrix} L^{cc} L^{ca} L^{cb} \\ L^{ac} L^{aa} L^{ab} \\ L^{b\,c} L^{ba} L^{bb} \end{bmatrix} \begin{bmatrix} T^{ca} \\ 0 \\ 0 \end{bmatrix} = (v^c L^{cc} + v^a L^{ac} + v^b L^{bc}) T^{ba}$$

$$\tag{5-18}$$

(一)中国对美国出口商品的价值增值分解

通过分解中国对美国出口的价值(见表 5-19),我们可以看出,中国输美商品价值增值呈现出以下特点:(1)国内价值增值在整体上呈现明显递减的变化趋势。2000 年,国内价值增值占比为 62.23%,2013 年国内价值增值占比减少为 52.65%,减少了 9.58%。这一变化趋势表明中国对美国出口的商品中,表面上来看中国的总值贸易和贸易差额是增加的,但中国成分的获利能力却日趋下降

（见图5-2）。（2）境外成分占比在整体上呈上升趋势。2000年境外成分占比为13.02%，到2013年，境外成分占比上升到18.01%，提高了近5个百分点。这表明随着全球垂直分工的不断加强，中美贸易中体现着越来越多的国际化元素，越来越多的国家卷入全球产业价值链的形成中，表明经济全球化的广度和深度日益增强，中美贸易利益分配主体日益多元化和复杂化，多方国家参与到中美贸易利益的分配中来。（3）在中国输美产品中，美国价值增值占据比重越来越大，2000年其占比为1.35%，到2013年，其占比上升到2.33%。这说明，在中国对美国的出口中，美国从中获利的能力已变得越来越强（见图5-3）。

表5-19　中国对美国出口商品的价值增值分解　　　（单位:%）

年份	国内成分	其中		境外成分	其中	
		增加值出口	回流		美国	其他
2000	62.23	41.22	21.01	13.02	1.35	11.67
2001	62.13	43.91	18.22	13.72	1.38	12.34
2002	61.65	44.17	17.48	14.23	1.41	12.82
2003	59.76	42.59	17.17	11.76	1.52	10.24
2004	57.94	44.38	13.56	14.55	1.64	12.91
2005	56.26	44.97	11.29	15.32	1.71	13.61
2006	56.88	45.16	11.72	15.76	1.79	13.97
2007	57.01	45.68	11.33	16.87	1.83	15.04
2008	55.15	46.52	8.63	16.06	1.74	14.32
2009	54.92	46.87	8.05	15.35	1.86	13.49
2010	54.46	47.22	7.24	17.02	1.91	15.11
2011	53.07	47.85	5.22	17.83	2.02	15.81
2012	52.97	47.66	5.31	17.88	2.01	15.87
2013	52.65	48.13	4.52	18.01	2.33	15.68

资料来源:根据中国统计局网站、历年《中国企业年鉴》和《中国对外经济贸易年鉴》有关数据整理并计算得到。

（单位：％）

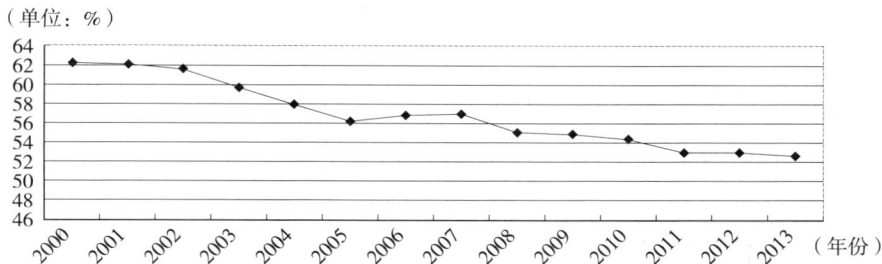

图 5-2 2000—2013 年中国输美商品中中国的获利能力

（单位：％）

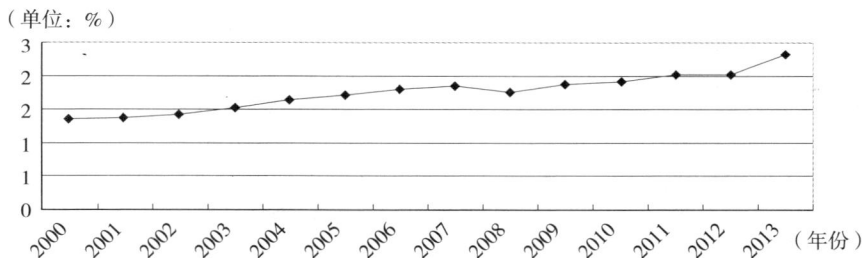

图 5-3 2000—2013 年中国输美商品中美国的获利能力

（二）美国对中国出口商品的价值增值分解

通过分解美国对中国出口的价值增值（见表 5-20），我们可以发现：（1）美国国内价值增值在整体上呈现出明显递增的变化趋势。2000 年，美国国内价值增值占比为 55.66％，2013 年国内价值增值占比增加到 62.87％，增加了 7.21％。这表明美国企业对中国的商品出口获利能力日益增强（见图 5-4）。（2）境外成分占比在整体上也呈上升趋势。2000 年境外成分占比为 8.01％，到 2013 年，境外成分占比上升到 11.62％，提高了 3.61％。这表明随着全球垂直化分工的不断加强，越来越多的国家参与了贸易利益的分配。（3）在美国对中国的商品出口中，中国价值增值占比也在日益增加，2000 年其占比为 0.38％，到 2013 年，中国价值增值占比上升到 1.34％。这一比重虽有所增加，但依然微乎其微，说明中国在美国输中国商品价值增值上总体依然较弱(见图5-5)。通过解构美国对中国商品出口价值增值我们可以得出结论,美国在对中国商品输出的过程中获得了绝大部分的价值增值和贸易利益。

表5-20　美国对中国出口商品的价值增值分解　　(单位:%)

年份	国内成分	其中		境外成分	其中	
		增加值出口	回流		中国	其他
2000	55.66	33.02	22.64	8.01	0.38	7.63
2001	55.98	34.56	21.42	8.23	0.45	7.78
2002	56.45	36.21	20.24	8.55	0.47	8.08
2003	56.02	36.97	19.05	7.78	0.53	7.25
2004	57.71	37.01	20.7	9.03	0.65	8.38
2005	58.62	37.78	20.84	9.87	0.96	8.91
2006	59.43	39.01	20.42	10.31	1.25	9.06
2007	59.83	39.33	20.5	10.76	1.34	9.42
2008	59.51	38.65	20.86	10.05	1.35	8.7
2009	59.02	39.21	19.81	10.32	1.31	9.01
2010	60.32	41.13	19.19	10.66	1.37	9.29
2011	61.44	42.22	19.22	11.02	1.39	9.63
2012	62.11	42.73	19.38	11.21	1.32	9.79
2013	62.87	43.06	19.81	11.62	1.34	10.18

资料来源:根据中国统计局网站、历年(2001—2014)《中国企业年鉴》和《中国对外经济贸易年鉴》有关数据整理并计算得到。

(单位:%)

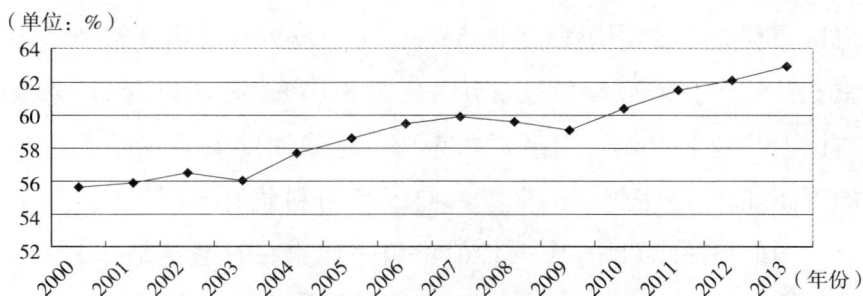

图5-4　2000—2013年中国自美进口商品中美国的获利能力

（单位：%）

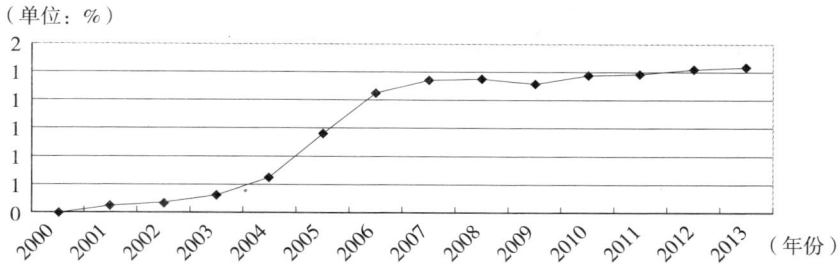

图5-5　2000—2013年中国自美进口商品中中国的获利能力

三、总值贸易下中美贸易利益的分配

改革开放以来，尤其是20世纪90年代以来，中国通过参与国际生产网络，开始与世界各国开展大量的产品内生产分工与贸易，以加工贸易方式融入全球价值链分工新体系，承接了大量的劳动密集型产业或资本密集型产业的劳动密集型生产环节，形成了进口中间品再加工装配出口给最终产品需求国的国际分工格局。中国通过这种形式与世界各国的生产产生关联。

中国实施的贸易统计体制是总贸易体制，以国境作为统计对外贸易的标准。凡是进入中国国境的商品一律列为中国自国外的进口，凡是离开中国国境的商品均列为中国对外出口。出口额加上进口额之和就是中国的对外贸易总额。中国将一般贸易与加工贸易混合统计的总值贸易结构，极大地掩盖了中国在全球产业价值链分工体系中处于低端环节，从而获取附加值与贸易利益低的事实，使中国对外贸易活动真实的国际收支状况被掩盖在巨额的贸易顺差之下，让国际社会误判中国的对外贸易收益。

从海关统计的物流数字中我们就可以发现可能会有贸易利得归属的误判。在商品的生产和交换中，产权归属是最为核心的指标，它直接决定利润进了谁的腰包。毫无疑问，产业价值链上的链主企业牢牢控制了价值链高端的产品创意设计、研究与开发、品牌运营与维护以及售后服务与管理等附加值高的核心环节,生产链上的大部分利润源源不断地流向了链主企业,链主企业多数是西方发达国家的跨国公司,否则他们又何必万里迢迢跑到中国来投资设厂?因此,在工序分工条件下讨论贸易利益的分配时,必须关注中国出口商品中有多少产权归属于中国本土企业,有多大比重的出口商品产权归属于外资企业。区分清楚产权归属是判断贸易利得归集的前提和基础。

根据资金流分析,被计入中方顺差的进出口中,有三分之一的商品产权不属于中国。这也就意味着,有三分之一的利润被跨国公司拿走了。据美国商务部统计,2012 年美国对中国出口 1105.9 亿美元,自中国进口 4256.4 亿美元,美方贸易逆差 3150.5 亿美元。在中方出口数字中剔除美方拥有产权的 839.5 亿美元后,美方逆差应调整为 2311 亿美元,调整幅度达 36.32%。也就是说,有 36.32% 的美方贸易逆差的产权属于美国企业,对美国来说,从国际收支项下支付美国在华跨国公司的贸易款项,就像让美国政府财政从左口袋掏钱,自己买自己在中国地盘上生产出来的东西,将在华跨国公司赚来的钱放进右口袋里,然后对中国政府宣称美国的钱被中国赚去了,中国每年通过商品出口抢走了美国多少个工作岗位。海关统计数字根据关境这一地域概念将这一部分支出算作美国的贸易逆差。钱流进了美国人的口袋里,账却算在中国政府的头上,这种总值贸易统计的算法实在是不公平、不合理。

传统的总值贸易下,中美两国在全球价值链上的分工地位最终导致了中美传统贸易统计差额与双边实际贸易利得之间存在着严重的错配。

第一,加工贸易是发展中国家参与产品内分工的外在形式,也是中国融入全球生产网络的主要方式。在"东亚—中国—美国"的三角加工贸易中，中国从日本、韩国和台湾地区进口核心零部件和中间产品，在中国加工装配成最终产品后再出口到欧美国家，这一生产加工过程一定伴随着外贸顺差增加的过程，但要素流动引起的外贸顺差与单纯的商品贸易所引起的外贸顺差显然有重要区别：对单纯的商品出口，贸易顺差归属于出口国，出口国企业获得贸易利益，按属地原则归集的贸易顺差额与按属人原则归集的贸易利益在贸易统计上是一致的；但对于加工贸易而言，贸易顺差的归属和贸易利益的流向则可能存在两种情形：如果从事加工贸易的是本土企业，则贸易顺差的属地与贸易利益的属人在贸易统计额上显示是一致的；如果从事加工贸易的是外资企业，则贸易顺差在贸易统计上归属在出口国，而贸易利益又主要归属于外资企业，贸易顺差在统计上的属地与贸易利益在统计上的属人存在着不一致的现象。对中国而言，从事加工贸易的又往往是外资企业，这样，外资企业拿走了贸易利益，而中国作为东道国在"东亚—中国—美国"的三角加工贸易中获得的附加值最少，但是贸易顺差却归集在中国，包括美国跨国公司在内的外资企业在获取实际贸易利益的同时，却将名义贸易顺差留给了中国，造成了"顺差在中国，利润在欧美"的利益错配格局。

第二，对包括美国在内的跨国公司而言，原先在国内生产并向国外进行商品输出，后来在工序分工新形式下，通过将生产环节外包给其他发展中国家，一改以往商品输出为当今的资本输出，对母国和东道国的贸易差额归集产生了截然相反的影响。对母国来说，某种产品原先在国内生产并对外出口，国际收支体现为贸易顺差；当该产品生产外包后，可分两种情况来进行讨论：一是零部件、中间产品与最终产品生产全都外包出去，则国内对该产品的各种需求必须由进口来满足，原先母国出口最终产品，现在由于生产外包给东道国，最终产品的出口转移到东道国完成，母国对该产品由原先的出口变为现在的进口，在外贸统计上表现为净逆差；东道国由于承接了生产外包,在该产品上由原先的进口变为在本国生产并满足国内需求的同时,还向母国和第三方国家出口,在外贸统计上由原先的净逆差转为净顺差;二是跨国公司只将标准零部件与中间品生产外包出去,核心部件还是留在国内自己生产并出口给东道国,由东道国完成最终产品的生产和组装。这时母国非但不再显示有最终产品出口,而且海关统计上还显示出从东道国进口最终产品,东道国在该产品上显现出来的则是由以前的出口变为现在的进口,但母国增加了一个中间产品的出口环节,由于将中间产品加工成最终产品,理论上有一个加工增值的过程,中间产品的价值表现必然小于最终产品,因此母国在该产品的海关统计上由以前的贸易顺差转变为现在的贸易逆差。东道国对母国和第三方国家最终的产品出口,减去中间产品的进口后,在贸易统计上仍然表现为贸易顺差。上述两种情况下东道国的外贸顺差,实际上是跨国公司母国和第三方国家外贸顺差国际转移的结果,跨国公司母国在贸易统计上表现为名义外贸逆差,实际上获得了大量的对外投资利益。

第三,对以前向欧美国家出口最终产品的东亚国家如日本、韩国等,他们在将加工生产环节转移到中国等发展中国家后,存在如下两种情况:一是日、韩企业将整个生产环节都转移到中国,这时原先日、韩国家对欧美国家的出口全部转化为中国对欧、美国家的出口,并且中国还向日、韩返销出口最终产品。日、韩国家不但该类产品出口量变为零,并且还因从中国返销进口该种产品而出现对中国的对外贸易逆差。日、韩国家原先对欧、美国家出口贸易的顺差因为生产环节转移的原因,从而转化为中国对欧、美国家的贸易顺差。中国从日、韩、美国家进口中间品和零部件,加工组装成最终产品后,对欧、美、日、韩等国家出口,贸易顺差自然呈现出居高不下的态势。二是日、韩国家跨国公司将中间产品的生产环节和最终产品的组装环节外包给中国企业专业化生产,同时向中国出口核心部件,这时候,原先日、韩国家对欧、美国家的商品出口全部转化为中国对欧、美国家的商品出口。日、韩国家对欧、美国家出口量变为零,且在最终产品上因从中国返销进口而出现对外贸易逆差,但他们对中国中间产品出口方面则存在巨大的对外贸易顺差,日、韩国家对中国中间产品巨大的对外贸易顺差减去日、韩国家对中国最终产品贸易逆差后,结果仍为对外贸易顺差。中国对日、韩国家外贸逆差的同时,对欧、美国家则表现为对外贸易顺差。无论哪种情况,中国对欧、美国家的贸易顺差,实质上都是日、韩等东亚国家对中国进行产业国际转移、实施生产外包所带来的对欧、美国家贸易顺差国际转移的结果(见图5-6)。中国获得了名义上的对外贸易顺差,日、韩国家跨国公司则获得了大量得自中国的投资收益和贸易利益。

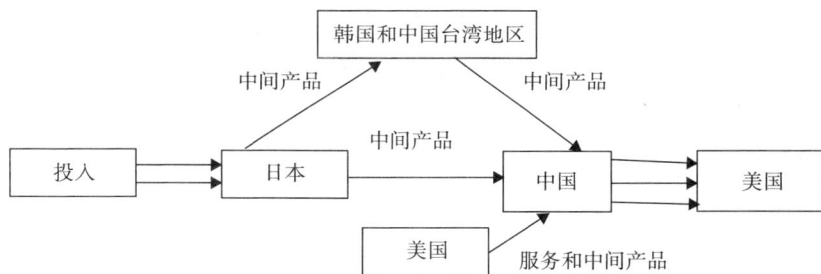

图5-6　"东亚—中国—美国"工序分工合作生产示意图

工序分工条件下的对外贸易顺差不再是最终产品出口国某产业或者产品比较优势的经济体现。跨国公司以 FDI 为载体,向中国进行产业国际转移,由此产生的货物贸易流向变化是中国贸易顺差集聚的直接原因。在工序分工,多国要素参与合作生产的条件下,资金流和产权归属不一定完全重合。如果只看到国际收支统计数字,压根就不问利益归属就断定中国从巨额的贸易顺差中获得了很多的贸易利益,势必夸大中美两国的贸易失衡程度,误判贸易利益流向。工序分工条件下的中美贸易差额不能真实地反映中美间实际贸易利得,中美间贸易利益的分配格局也证明了中美贸易利益分配中美国企业获利丰厚、中国企业获利微薄。

四、增加值贸易下中美贸易利益的分配

众所周知,计算利润的依据是生产过程中要素的投入、产出每一个环节的价值增值(Value Added)。如果仅考虑各个环节产出的价值,忽略投入就很可能导致价值重复计算。早在 1999 年,芬斯特拉(Feenstra)等人的研究就指出,中国每年向美国出口大量的加工贸易商品,如果把中国出口到美国的加工贸易产品全部计入到中国对美国的贸易顺差中去的话,将极大地高估中国对美国的贸易顺差。此后,学界开始探索一种新的统计方法,将出口总值分解为各个生产环节的增值,按照价值增值的分布来讨论对外贸易顺差或逆差。

对于微观企业个体来说,影响其对外贸易增长程度的主要因素是国际利润的高低,而不是国家总值贸易的顺差还是逆差问题。只要能够产生利润,他们就会不断地扩大再生产,推动社会总资本增加,客观上带来国民经济整体增长的结果。如果仅从中美之间的总值贸易来看,美国无疑是贸易逆差大国,但如果从国际贸易利益的获得与社会经济福利改善的角度来进行分析的话,结果可能又是另一番景象。为了说明中美工序分工及其贸易格局对中美两国贸易利益分配的影响,我们可以以风靡世界的 iPhone 手机的生产为实例来进行具体的论证。

iPhone 的生产流程包括亦如郎咸平先生分析芭比娃娃的生产一样包括"软的生产环节"和"硬的生产环节"。所谓"软的生产环节"主要指产品的设计、研发、核心部件生产、营销、品牌和售后服务等附加值高的技术、市场环节,"硬的生产环节"主要指产品的辅助零部件生产、加工和组装等低附加值生产环节。在中美合作生产 iPhone 的流程中,美国公司占据了大部分的"软生产环节",包括产品设计、原料采购、物流运输、订单处理、批发经营、终端零售等环节,而中国

企业则主要承担"硬生产环节"，包括辅助零部件生产、加工和组装等环节。

美国加州大学欧文分校（University of California, Irvine）信息技术和组织研究中心的杰森·戴德里克（Jason Dedrick）及其团队对苹果公司的全球财务报表进行了深入剖析，终于揭开了"全球分苹果"的价值链条分布：

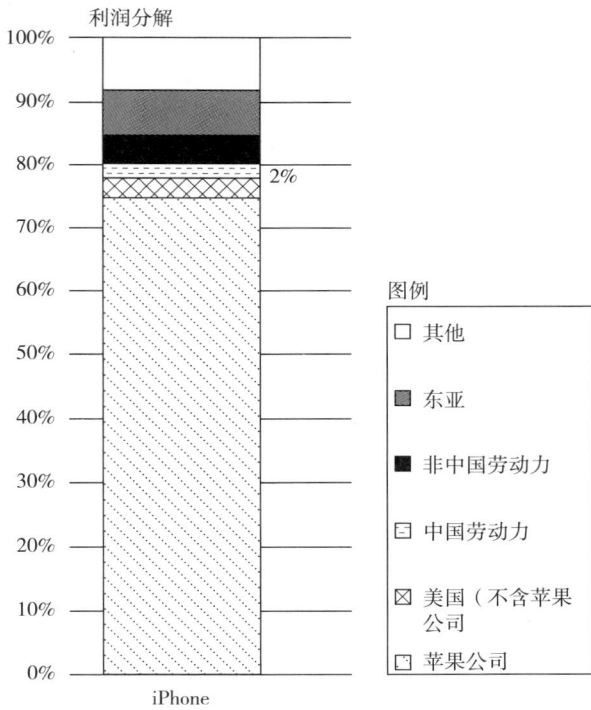

利润分解

图例

□ 其他

■ 东亚

■ 非中国劳动力

□ 中国劳动力

⊠ 美国（不含苹果公司

□ 苹果公司

iPhone

图 5-7　iPhone 的价值瓜分示意图

仅就 iPhone 这款产品来说，苹果公司分到的那块占到了总利润的 75%；而中国装配线上的数百万工人们仅仅分得了利润的 2%，就连日本和韩国也只分到了可怜的 7%。《2010 年亚洲开发银行研究报告》指出：中国富士康公司为苹果公司代工组装一款 iPhone 手机，仅能从中获利 6.5 美元，但每出口一部 iPhone 手机就有 178.96 美元计入中国的出口贸易额中。中国实际利得与用总值贸易额代表的贸易利益相差 27 倍之多。

在国际分工中,由于中国企业缺少创新意识和创造能力,在全球产业链中只能集聚在附加值最低、消耗资源最多、环境破坏最严重、竞争性最强的低端生产环节,西方发达国家在产业链条上占据着附加值高、消耗资源少、竞争性弱的高端环节。这就注定了中国在对外贸易中获得的利益极其有限。中国得到的是"平常利润",美国依托其在技术、管理、品牌和营销渠道等方面中国近期内无法企及的超比较优势获得的是"超级利润"。这样一来,我们出口得越多,付出的社会代价如资源的浪费以及严重的环境污染等等也就越大,美国的跨国公司获得的利润越多,美国也就越富裕。在中美产品工序生产和贸易产生的收益中,真正获得最大利益的是美国企业,中国企业获得的利益极其微薄。

从 iPhone 的生产案例就可以反映出中美在国际分工中巨大的利益差异。这只是中国制造业中的简单一例,小到玩具、电子产品,大到汽车等生产、分配情形都与此相类似。

五、不同利益主体的贸易利得

(一)微观企业的利益分配

在分析贸易条件变化与贸易利益分配时不仅要考虑国家层面的总收益,而且还要考虑微观企业的利益分配。中国的收入贸易条件和要素贸易条件得到了改善,但价格贸易条件走向恶化,主要是因为中国对外贸易进出口不一致,这对于微观主体贸易利益分配具有重要影响。在出口方面,加工贸易在中国对外贸易出口贸易中占据主要地位,大部分利润产生在销售环节,加工贸易以外商投资企业为主体,外国投资者成为利润获得者,外资企业得到了收入贸易条件和要素贸易条件改善的利得,中国企业只能从中得到利润的 20% 左右,并造成资源的外流和环境的破坏，而且，跨国公司还利用内部转移定价机制，更减少了中国企业在加工贸易中的利益分享；而在进口方面，中国经济发展所需要的大量资源性产品采用的是一般贸易方式进口，进口资源性产品的主体是国内企业，在国际谈判中不具有定价权，进口价格不断上涨使价格贸易条件恶化，造成贸易利益流失。

（二）改善贸易条件的根本在于推动技术进步

既然贸易条件体现的是进出口商品的交换比例关系，那么贸易条件的恶化或改善也主要在于要素的相对稀缺程度。随着科技的发展进步，产品的要素密集度有可能发生逆转。当一种产品的要素密集度相对于另一种产品的要素密集度更为稀缺时，该产品贸易条件相对好转，另一种产品贸易条件则相对恶化。但是，当技术进步使得该产品的密集要素由相对稀缺转为相对富裕时，该产品的贸易条件同样也会恶化。产品生命周期理论较好地解释了生命周期不同阶段产品要素密集度发生的变化。在投入期，产品技术上处于发明创新阶段，所依赖的要素主要是发达的科技知识和大量的研发经费，这个阶段新产品实际上是一种知识技术密集型产品，掌握该种技术要素的国家不多，只有少数科学研究发达的国家才拥有这些技术资源，较为稀缺，发达国家拥有新产品生产的比较优势，因此，新产品往往首先出现在少数发达工业国家，产品价格较高。技术成熟以后，该种要素供给大大增加，稀缺程度相对降低，产品从知识密集型变成技能密集型或资本密集型，交换比例下降，大规模生产成为主要目标。先进的机器设备和劳动技能成为主要的生产要素。资本和熟练工人充裕的国家开始拥有该产品生产的比较优势，并逐渐获得竞争优势，取代发明国而成为主要生产和出口国。产品进入成熟期后，一方面，生产技术已经被设计到机器或生产装配线中，生产过程标准化，操作变得简单，在技术上完成了生命周期；另一方面，生产该产品的机器本身成为标准化产品，价格变得比较便宜。因此，产品成熟期阶段，技术和资本逐渐失去重要性,劳动力价格则成为决定产品是否具有比较优势的主要因素,产品由技术密集型产品转为劳动密集型产品,价格大幅下降,贸易条件恶化。

贸易条件的变化取决于该国所处的产品生命环节以及生产中不同的技术层次。换句话说,一国的技术水平高低直接决定着该国的贸易条件和贸易环境。只有不断创造出在国际市场上相对稀缺的生产要素,该国的贸易条件才有可能相对优化。否则,在国际贸易中与他国差距将会越来越大,渐行渐远。

六、主要实证研究结论

通过上述的实证分析,我们可以得出以下简要的结论:

第一,从总体发展趋势上来看,2000—2013 年,对中国而言,无论是对美国出口商品还是自美国进口商品,中国本土企业的获利能力都呈现出明显递减的变化趋势,这表明中国在中美价值链分工中处于低端地位,获得的贸易利益极为有限。而在这一时间阶段,贸易统计却显示中国得自美国的贸易顺差却呈现出急剧增长的态势,这说明中美贸易顺差流向与贸易获益并不同向,中国的贸易利益被挤占,迫切需要向价值链的中高端攀升;美国在中美产品内价值链分工中获得了超额的贸易利益。中美贸易利益分配格局是向着有利于美国、不利于中国的方向发展。

第二,尽管中美贸易顺差在 2000—2013 年整体上呈现上升趋势,但对中国获取贸易利益的带动作用不强。中国巨大的贸易顺差并不一定是件好事,有可能是一种统计错觉,中国并没有获得巨额顺差后面全部的贸易利益,相反还容易引起贸易摩擦;反观贸易伙伴美国,无论是自中国进口还是对中国出口,其获利能力都呈现出明显递增的变化趋势。这表明美国巨大的贸易逆差不一定是件坏事,一方面可以获得廉价的工业制成品,保持国内物价的稳定和居民的消费水平,另一方面可以获得逆差背后大量的投资收益和贸易利益。

第三,在工序分工与贸易格局下,中国虽然积累了大量的贸易顺差,但真正获得的却是与此顺差规模极不匹配的低廉加工费用;反观美国,其跨国公司凭借其技术、渠道、品牌等优势,通过对华直接投资在华生产、就地销售,从事高附加值技术和市场环节,并通过跨国公司将低附加值生产环节外包给发展中国家生产,形成了出口高附加值中间品、进口最终产品的贸易格局,实际上替代了在美国生产并出口该类商品给中国,再通过跨国公司内部贸易将美国母公司从中国子公司的进口转化为中国对美国产品的出口,这样就扩大了美国的对外贸易逆差,但是这部分贸易逆差却通过美国跨国公司在华子公司的利润汇回,最终使得其中的绝大部分贸易利益为跨国公司所得。以产品最终完成地作为原产地的国际贸易统计规则在有大量中间品参与贸易的情形下就显示出极大的统计非合理性了,导致美国在获得高贸易利益的同时却反而成了贸易逆差国。可见,工序分工体系下,贸易顺差方不一定得到了较多的贸易利益,逆差方不一定有贸易损失。从中美贸易差额表征上来看,美国是贸易逆差国,贸易利益很丰厚;中国是贸易顺差国,贸易利益却极其微薄。

第六章 改善中国得自中美贸易
利益的对策分析

目前中国参与工序分工与贸易的主体是制造业,而中国制造业普遍在全球产业价值链上占据的多是低端的加工制造生产环节,获得的利益极其微薄,产品国际竞争力普遍不强。在低环嵌入全球价值链生产体系下,中国企业如何成功向价值链条的高端攀升,是关系到中国能否从贸易大国向贸易强国转化的关键。因此,中国制造业迫切需要根据国际分工和贸易的发展趋势,制定新的赶超战略,完善要素市场,延长产业链条,推动制造业技术进步与产业升级,调整贸易与投资政策,借此来扩大中国制造业参与工序与贸易的收益份额,实现中国由制造大国向制造强国的根本性转变。

第一节 培育高级生产要素
增加工序分工与贸易的收益

党的十八届三中全会在《中共中央关于全面深化改革若干重大问题的决定》中提出:"适应经济全球化新形势,必须推动对内对外开放相互促进、引进来和走出去更好结合,促进国际国内要素有序自由流动、资源高效配置、市场深度融合,加快培育参与和引领国际经济合作竞争新优势,以开放促改革。"此番论断具有非常重大的现实意义。改革开放三十多年来,中国主要通过发挥比较优势参与国际分工,已经成为仅次于美国的世界贸易第二大国,但是我们距离真正的世界贸易强国还有较大的差距。加快培育高级生产要素,对于我们顺利实现从贸易大国向贸易强国的转变,无疑是一个重要的关键性因素和途径。

改革开放初期,中国把握时机,首先开放部分沿海城市,利用本国充裕的资源、能源、劳动力等优势,吸引大量外商直接投资,发展加工贸易,对外贸易高速增长,外汇缺口矛盾得以缓解。进入21世纪后,由于人口数量进入低增长期,年青一代受教育程度提高,对未来的预期收入报酬增加,使得劳动成本进一步上升;此外,经济的快速发展,对能源、资源的需求不断增加,资源等大宗商品的价格不断上涨,那些带来三十多年中国对外贸易高速增长的传统的成本优势逐渐弱化,遇到成本更加低廉的国家的竞争。因此,主要依赖资源、能源、劳动力等有形要素投入的粗放型外贸发展模式难以为继。中国需转变外贸发展方式,参与更高层次的价值链分工。研发、设计、营销、服务业等技术、知识密集型行业的发展使技术、品牌、质量和服务等将成为中国新的竞争优势,而技术、人力资本、管理等要素的充裕性将决定新优势的强弱。

就中国改革开放以来对外贸易和参与价值链分工的特点来看,依靠加工贸易方式嵌入国际价值链分工的低端环节,归根到底是中国生产要素禀赋结构与质量决定的。因此,生产要素禀赋的质量与结构是制约中国国际分工地位提升的根本因素,而提高国际分工地位,转变对外贸易发展方式,实现贸易大国向强国转变的根本出路也在于生产要素质量与结构的内涵式演进。

在中国对外开放的进程中,要素禀赋结构和质量已发生了深刻的变化,要素的内涵式演进正在潜移默化地改变着传统的比较优势,使新的比较优势和竞争优势在分工深化的过程中逐渐培育,这表现为一些产业的国际分工地位逐渐攀升,而另一些传统产业由于缺乏高端要素的投入而陷于分工地位被锁定的状态,由此也影响了中国贸易强国建设的进程。因此,我们应着重从以下六个方面采取相应对策,推动要素内涵式演进对价值链分工地位的作用,加快中国参与国际经济竞争新优势的培育,从而早日实现贸易强国的宏伟目标。

第一,充分借鉴世界主要国家要素内涵式演进的有益经验。比如,美国的经验主要有:自然资源禀赋优势的充分发挥和资本要素的快速积累;人力资本积累推动内生性技术创新和内生性比较优势的形成;注重知识科技等要素在高端制造业中的作用;控制核心技术并限制高新技术商品出口;利用国内贸易法令和国际贸易规则保护本国产业。德国的经验主要有:集中国内优势要素大力发展重点产业;发挥进口贸易补充国内稀缺要素的作用;强化同欧盟成员国间生产要素的交换与配置;重视科技专门人才培养和完备科研体系的建设;通过外贸制度创新提高交易效率。日本的经验主要有:通过要素积累和培育获得产业发展的动态比较优势;依靠科技和管理创新提高企业要素利用效率;重视教育投资和人力资本的积累;制定适合国情的资源要素进口政策;通过雁形产业转移利用海外优势生产要素。韩国的经验则主要有:由政府主导型金融制度向金融自由化开放化的转变;由充分利用受教育劳动力优势向技术要素创新的转变;充分发挥进口补充国内稀缺要素的作用;以多重性要素寻求型对外直接投资带动对外贸易的发展等。

第二,加快中国动态比较优势的变动速度,确立和完善市场在资源配置中的决定性作用。动态比较优势理论和比较优势战略是建立在市场自由竞争基础之上的,没有充分竞争的市场,要素价格不能准确反映要素的机会成本,经济社会中要素的比较优势就很难得到充分发挥,经济增长和资本积累的速度就会受到抑制,出口贸易结构升级也将受到阻碍。目前,中国市场经济的发展正处于转型完善的关键时期,体制性设租、寻租行为造成了国内市场与国外市场的分割,抑制了企业研发投入的积极性,使企业生产资源转向非正当的寻租性营利的投入,扭曲了经济资源的有效配置,不利于出口企业和产业动态比较优势的结构升级。因此,中国未来经济发展仍需积极稳妥地从广度和深度上推进市场化改革,大幅度减少政府对资源的直接配置,推动资源配置依据市场规则、市场价格、市场竞争实现效益最大化和效率最优化,努力消除扭曲市场力量的体制性弊端,促进自身要素禀赋比较优势的发挥和新的竞争优势的形成。

第三,进一步深化生产要素价格体系改革。生产要素价格体系改革滞后,要素价格不能充分反映要素稀缺程度,将使投入产出结构发生扭曲,影响经济发展和对外贸易发展方式的转变。因此,深入推进生产要素价格体系改革并同收入分配体系相协调,是促进要素禀赋结构和质量内涵式演进的重要力量。生产要素价格体系是一个广义的价格体系,不仅包括一般生产要素的价格,还包括石油、天然气、电力、交通、电信等资源性要素价格和环境要素的价格。由于广义生产要素价格具有一定刚性,其调整会影响整个价格体系内部的比价关系,稍有不慎,便会引发通货膨胀及其他社会和经济问题。因此,对这些资源性要素价格可以区分居民消费部分和经营性领域,对居民消费部分实行阶梯价格机制,以保证民生和公平;经营性领域则应放开竞争性环节价格,由市场定价。此外,价格改革还可以区分增量部分和存量部分,目前资源性产品政府定价和市场价格差距较大,一次性改革到位存在社会承受能力的问题,因此也可以考虑存量部分分步到位,增量部分则争取一步到位,以最终实现要素价格充分引导要素配置,推动要素的内涵式演进,促进产业结构和对外贸易结构的转型与升级。

第四,提高教育与劳动力市场需求匹配程度。人力资本的形成主要依靠教育投入,在中国高等教育进入大众化发展阶段后,人力资本的积累速度正在加快,此时应更加注重教育与劳动力市场需求的匹配程度,避免人力资本配置中的无效率。人力资本在实际应用中能否产生高效率,首先取决于其技术知识类型与含量是否同劳动力市场的需求相匹配。现阶段中国产业结构和对外贸易结构的多层次性要求教育所能够提高的人力资本也应是多层次的。所以一方面要加大高等教育的投入力度,培养专用性人力资本,另一方面还应加强中高等职业教育与外出务工人员的职业培训,形成一般性技能和职业特定技能,同时也要注重对劳动力市场的结构性改革,提高教育程度与工作岗位的匹配程度。

第五,构建区域协调型国内价值链。国内分工的细化有助于加速中国在全球价值链条上的攀升。中国国内各区域间存在着较大的要素禀赋与技术水平差异。这种差异一方面造成了中国产业和对外贸易发展的地区不平衡,另一方面却也为中国基于区域差异构建国内价值链、间接提升全球价值链分工地位创造了有利条件。在国内价值链构造过程中,东部地区集中发展国内价值链高端的技术知识密集型工序,中部地区和东北老工业地区有一定的工业基础,适合加工和装配等较低分工阶段的生产,西部地区可以凭借自然资源和物质资本条件,承接东部地区的产业转移,实现国内价值链的末端延伸。通过国内价值链构建中的禀赋升级、产业升级来提升中国在国际价值链中的分工地位。

第六,根据不同出口行业的特点,实施差别性的政策和措施。目前,中国出口产业大致可以分为三类:

第一类是具有传统比较优势的产业,这些产业包括绝大部分的资源、劳动密集型产业和小部分的资本密集型产业,如纺织业、黑色金属冶炼及压延加工业、化学原料及化学制品制造业等。它们在当前中国对外贸易总量中占很大比例。对于资源密集型传统比较优势行业,可以限制其出口,并实施进口替代措施,降低这些行业对资源的过度利用和较高的二氧化碳排放。对于劳动密集型传统比较优势产业,因为劳动力丰裕仍是中国当前最大也是最现实的比较优势,所以仍应采取鼓励出口的政策,但同时也应积极鼓励加工贸易企业和低端制造业企业通过强强联合、兼并重组、国际合作等多种形式形成生产集团,发挥规模经济的效应,向制造业价值链的高端环节攀升。

第二类是具有潜在比较优势的产业,这些产业多属于资本、技术密集型行业,如中国的电气机械及器材制造业、仪器仪表及文化办公用机械制造业等。这些行业具有较先进的技术水平,处于中国产业链的中高端,在中国对外贸易中占有相当的比例。对于这类产业,首先需要政府通过适当提高同类产品的进口关税、增加行业生产和研发补贴、提供优惠低息贷款、设立专门发展基金等途径来进行保护和扶持,因为从国际经验来看,通过对具有潜在比较优势的产业进行保护使之具有显性比较优势是许多国家实现赶超的重要途径。其次,加大对具有潜在比较优势产业的研发投入,通过制度建设形成长效机制,让加大创新投入成为这些行业的自觉行为。最后,应积极鼓励具有潜在比较优势的行业进行对外投资,充分利用国外广阔市场和先进技术,在国际市场上获得竞争新优势。

第三类是具有超比较优势的产业。所谓超比较优势,是指在两个国家的贸易中,一个国家能够生产的某种商品可能是另一个国家所不能生产的;或者在多国贸易中,某种产品只有很少国家可以生产的情形。这些行业由于要素质量的独特性或技术水平的先进性,具有别国无法模仿或超越的优势。超比较优势是可以创造的,可以通过要素创新、管理创新、科学技术创新来获得。一是鼓励企业进行自主知识技术创新,开发适合国际市场需求的技术领先产品;二是引导企业树立品牌战略,以市场为导向,灵活运用品牌延伸、商标、资本运营等方式,创造企业自主品牌在国际市场上的超比较优势;三是国家要建立完备的知识产权保护体系,加大保护知识产权的执法力度,健全技术创新激励机制,探索建立知识产权法院,为超比较优势的确立提供良好的制度保障和社会环境。

第二节　转型升级加工贸易 从传统比较优势走向竞争优势

近年来,"加工贸易转型升级"成为热议话题。2011年11月,商务部会同国家发改委等六部委联合出台了《促进加工贸易转型升级的指导意见》,将加工贸易转型升级概括为:"提升产业层次,延长产业链"。近年来国家大力限制或禁止高污染、高能耗、消耗资源性外资项目准入,加工贸易产品结构不断优化。机电产品在加工贸易中的占比从2002年的64.7%提高到2011年的78.1%,高新技术产品占比从27.1%提高到50.5%。电子信息、生物医药、精密机械、新能源、新材料等为代表的高新技术制造业已成为加工贸易的主要产业。

但是,贸易增加值研究法研究得出的结论却是高科技产业增加值较低。这与外界的想象大相径庭。中国一直鼓励高科技产品出口,希望通过加大高科技产品出口量和出口比例来改善出口商品贸易结构,提高出口利润。但在目前高新技术产业主要是加工贸易的贸易形式下,这一做法往往事与愿违。据商务部政研室测算,工业行业各部门单位出口所含的国内增加值差异很大:最高是采矿业,每1000美元出口的国内增加值含量高于800美元;其次,纺织业、服装鞋帽、皮革羽绒及其制品业,木材加工及家具制造业等传统劳动密集型产业1000美元出口所带来的国内增加值均在700—800美元;而作为高科技产业代表的交通运输设备制造业,电气机械及器材制造业,通信设备、计算机及其他电子设备制造业和仪器仪表及文化办公用机械制造业的增加值含量较低,1000美元出口带来的国内增加值均不足550美元,如交通运输设备制造521美元、电气机械及器材制造523美元、通信设备和计算机及其他电子设备制造447美元、仪器仪表及文化办公用品制造 409 美元等。①

　　由此可见,中国传统的劳动密集型制造业单位国内增加值相对较高,而技术密集型制造业单位国内增加值相对较低。我们虽然鼓励高科技产品出口,但用加工贸易形式带来的高科技产品出口增长更多的是在为跨国公司做嫁衣,实际上是没有增长质量的。加工贸易形式的劳务输出,与产业层次和产业链上没有太大关系。中国加工贸易工人不论是缝制牛仔裤还是组装计算机,其经济活动都是相似的,都是劳动装配的低端环节,加工组装形式的劳动力雇佣不会随着产业层次本身的升降而变化,技术密集型产业的劳动密集型装配环节仍然是低端环节。提升加工贸易的产业层次,并没有改变加工贸易的劳动力要素低端特性。加工贸易这种生产活动的"低端"特点,一方面使中国能够快速地融入全球产业链分工体系之中,另一方面又使中国在这个产业链分工体系中长期处于附属和低端锁定的地位。突破加工业低端锁定的可能路径,一是逐步改变以低端加工组装为主的现状,提高产品技术含量和附加值,推动产品加工由低端向高端转变;二是延伸产业链的国内迂回环节,延长加工贸易国内增值链,使加工链条由短向长转变,促进加工贸易配套体系向研发设计、创立品牌、生产制造、营销服务产业链上下游延伸,促进相关产业在中国落地生根。在产品内分工的各个生产阶段,中国制造业主要是在低附加值的最终消费品与资本品的组装环节上具有比较优势,而在高附加值的核心零部件生产上则处于比较劣势,需要更多地从国外进口加以满足。这种比较优势格局限制了中国制造业在产品内分工与贸易中的收益,进而制约了中国制造业整体国际竞争力的提升,尤其是在高技术产业领域。表面上来看,中国高新技术产业发展迅猛,如通信设备制造业,精密光学仪器、航空航天器制造业在最近几

---

　　①　张向晨:《贸易增加值来源结论》,《理财周报》2012 年 12 月 31 日。

年出口额一直位居世界前列,但是关键技术与核心零部件仍然掌握在发达国家跨国公司手中,中国需要向发达国家支付大量的技术转让费用。虽然这些产业是高技术产业,但中国更多的是在其中从事最终产品的加工组装这一劳动密集型生产环节,因而要实质性地提升中国高技术产业的国际竞争力依然任重道远,绝非一朝一夕之功可为。

值得指出的是,要提升中国加工贸易层次,从传统的比较优势转向竞争优势,还必须进一步构建和完善产品内分工网络,提高本土企业自主创新能力。目前,中国制造业的比较优势主要体现在低附加值的最终消费品与资本品的组装环节上,发达国家跨国公司则仍牢牢掌握高附加值的关键技术与核心零部件生产,中国在这方面生产上则处于比较劣势,更多的是从国外进口来满足国内需求。而真正决定一国国际分工地位与贸易利得的是一国在全球产业价值链条上市场与技术这些环节的竞争实力,只有在这两个高端环节具有较强的竞争优势,才能在产品内分工体系中处于主导地位。中国制造业总体处于生产组装环节,技术水平要求不高,竞争力不强,决定了在产品内分工与贸易中获利势必有限。如果遵循现有的比较优势格局,不仅将限制中国制造业在产品内分工与贸易中的收益,而且还会使中国落入比较优势陷阱,制约中国制造业国际竞争力的提升。

从中国现阶段经济发展水平的实际出发,除了一方面发挥劳动力比较优势,巩固在劳动密集型生产环节的竞争优势之外,更迫切需要政府和企业通过加大科技投入,提升产品科技含量,减少对发达国家高技术中间品的进口依赖,突破发达国家的低端锁定,逐步实现中国企业在全球产业价值链从低附加值环节向高附加值环节攀升。通过引入和开发培育高级生产要素,推动中国制造业从劳动密集型与资源密集型产业向技术与知识密集型产业的转化。

中国在对外开放、引进外资发展经济尤其是加入世贸组织后,外资企业技术外溢的效应已经显现。连续二十余年的对外贸易顺差，也积累起了大量的外汇储备。目前，虽然中国在国际产业链分工中处于中下游地位，但仍有一些周边发展中国家处于比我们更低的生产分工环节，这样在一些低技术—劳动密集型生产环节和低技术—资本密集型生产环节上相比而言中国就具有比较优势。因此，中国一些实力强、信誉好的国内制造业如海尔、海信、TCL、康佳、联想、华为、中兴等具备条件"走出去"的企业可以先行一步，适时推进产业梯度转移，向相对落后的发展中国家依次转移各类产能过剩行业、成熟技术和过剩机器设备，利用当地更廉价的劳动力和自然资源，积极进行境外加工贸易。当前，中国制造业已经在亚洲、非洲和前苏东地区，输出成熟技术、零部件和机器设备，从事纺织、轻工、家用电器等境外加工贸易项目。中国的境外加工贸易方式有两种：一种是直接到境外投资办厂，自己进行产品加工组装；二是外包给国外企业进行产品的加工组装，即中国企业将中间产品和零部件的加工组装环节转移到相对落后的发展中国家完成，并进口加工后的半成品或最终产品，在本国进行后续加工或销售。

中国本土企业融入跨国公司主导的全球生产网络，获得与核心企业的技术交流与合作的机会，为中国企业承接来自跨国公司生产网络的技术转移和外溢提供了难得机遇，成为中国企业提升技术创新能力的一条重要途径。中国本土企业普遍规模较小、资金紧缺、待遇较低，难以吸引到大量优秀的技术和管理人才，使得企业的生产技术和管理水平低。同时，由于自主创新存在着极大的不确定性，成功不一定能带来想象中的效益，失败有可能导致意想不到的风险，甚至破产倒闭。面对巨大的市场风险和财务风险，一般企业难以也不敢承受。企业宁愿花费大量资金来引进国外先进的设备而不愿意自主创新。这样导致的结果是，中国企业自主创新能力衰退。有些企业即使具备了技术创新的条件，但管理者在能够获得现实利益的情形下,往往会采取保守的竞争策略,与其提升技术与跨国公司直面竞争,不如与他们拉开档次,施行产品品质和市场定位差异化战略,同样能获得生存空间。管理者畏惧风险、害怕失败、安于现状的保守心理使得中国企业的自主创新能力普遍较弱,大多数企业缺乏关键技术和核心技术,难以形成核心竞争力。

中国企业自主创新能力普遍较弱,大多缺乏关键技术和核心技术,对外技术依存度高达 50% 以上,而美国、日本、欧盟等技术领先国家或经济体其对外技术依存度仅为 5%左右。科学技术是第一生产力,自主创新是首要竞争力。要实现中国经济和贸易向质量和效益并进发展,关键是提升企业的自主创新能力。自主技术创新能力的高低,决定着企业的生存和毁灭,决定着企业的成长路径,决定着企业竞争力的强弱。自主创新在经济生活中已经居于主导地位。为了在激烈的国际竞争中生存和发展下来,中国本土企业必须突破传统低要素使用成本的发展思路,转向依靠科学技术进步、高素质人力资源和管理创新,必须不断地培养自身的比较优势,实现企业核心竞争力的成长,把增强企业自主创新能力作为实现对外贸易发展方式转变的核心环节。为了培育和提升企业的自主创新能力,应当加大研发技术投入,组建企业技术中心,构建企业创新体系,营造奋发向上、宽容失败的企业文化,提升企业技术水平和创新能力,实现产品创新、市场创新、组织创新,培育与提升市场势力,维护中国企业的分工利益与贸易利益,促进中国企业向全球产业链的高端环节攀升,实现中国的贸易利益由低端的劳动所得向高端的资本所得升级。这正促进了中国对外贸易发展方式从传统以高投入、高消耗、低效益为特征的粗放型贸易发展方式走向质量效益型集约贸易发展方式发展,从而对中国对外贸易发展方式转变带来积极影响。

中国制造企业还应通过整合全球研发与营销等技术和市场资源,进一步加大研发和人力资本投资,引进国外先进技术,构建国际研发战略联盟,不断提升自己的研发和创新能力,突破跨国公司的技术壁垒,实现由低端的生产制造环节向高端的技术与市场环节攀升,进而构建竞争优势。同时还应看到,未来的国际竞争不仅仅是产品竞争,更重要的是规则的竞争,中国企业不能仅仅被动地适应国际规则,更应该想方设法制定规则。对尚未制定国际技术标准的产业,应加紧制定适合自身发展的技术标准,并率先在中国实现规模化应用,从而形成有利于国内产业发展、外资企业进入中国市场都得遵从的技术标准,增强中国本土企业对国内甚至国际市场的控制力,增加对国际经贸制度安排的主导权。此外,各行业之间需加强战略合作,实现优势互补,联动发展,共同构建确立产业标准,实现制造环节向上游的技术环节和下游的市场环节攀升。在由制造环节向市场环节拓展方面,可采用自行开拓建立全球营销渠道,通过并购方式整合海外营销渠道,借助外资企业的营销渠道,与外资企业合作共同开发和开拓国际市场。

第三节　选择瞄准合适产业
加大对美国的海外直接投资

　　传统上,人们将国际贸易与国际直接投资视作两种不同的经济现象,并分别加以研究。但是随着经济全球化的日益深入,二者之间的联系越来越密切,表现出相互促进和相互补充的交叉发展特征。

　　总的来看,制造业领域内的国际直接投资所带来的贸易创造效应要大于贸易替代效应。因为尽管有不少跨国公司遵循"出口—许可或其他契约安排—对外直接投资"这一顺序来开始其国际化进程,这种模式意味着对外直接投资是对贸易一定程度的替代,但是越来越多的跨国公司为了提高其生产效率和改善公司业绩,往往将对外直接投资作为其国际化经营的开端,而且这些跨国公司常常选择兼并和收购等形式进入目标市场,由于目标市场应具有与跨国公司相同或相近的产品,因此这种类型的国际直接投资具有明显的贸易创造性质。联合国曾对发达国家吸收外资对制造业贸易的影响进行了研究,结果表明,在现代条件下,国际直接投资越来越倾向于进入贸易密集度较高的行业,特别是那些在东道国具有比较优势或潜在比较优势的行业,从而使东道国的进出口得到明显增加。因此,加大中国企业对美国的对外直接投资,对于提升中国在国际分工中的层次,进而改善中国从中美贸易中获取的利益,有着非常重要的意义和作用。

从理论上说,中国在全球价值链中的位置决定了双向并进产业的选择方向,方向之一是向全球价值链高端环节逆向投资,以嵌入全球价值链高端环节,提升中国产业在全球价值链中的位置,促进产业价值升级;此外,基于发展中国家经济属性的渐进突破产业选择策略,在对外直接投资产业选择次序中,要根据国内经济发展水平采取"渐进"策略,还要实施逆向"突破"策略,其主旨思想与向全球价值链高端的投资具有内在逻辑的一致性。在中国对美国的投资实践中,主要目标是通过技术寻求型投资获得技术逆向溢出效应,促进中国产业实现价值层面的升级。

中国对美国直接投资进行产业选择时,首先要了解美国的产业布局和优势产业情况。作为世界上最发达的经济体,美国的许多产业,特别是在高技术制造业和现代服务业方面在世界上处于绝对领先地位,如航天航空、军工、零售业、信息产业、电子计算机(包括硬件和软件)、金融保险、汽车、化工、制药、生物科技、钢铁、食品、饮料、文化娱乐、教育、建筑、能源、服务业、高度发达的农业等。20世纪80年代以来,随着电子信息技术的迅猛发展,军工、汽车和高科技产业成为美国的三大支柱产业,代替了钢铁、汽车、建筑三大传统支柱产业的位置。

　　美国作为当今世界上最大最发达的经济体,不仅具有发达的经济体系,而且具有良好的投资环境。一是建设了一流的现代化基础设施。历经上百年建设,美国已建起铁路、高速公路、航空和水路运输为一体的现代化交通网络,美国国内及其与世界各地的交通往来十分便捷。得益于先进的通信技术,以及自由竞争的市场竞争和多样化的服务,美国建立起了世界上现代化程度最高的通信网络,而且得益于互联网的高度发展,通信费用极为低廉。二是发展了庞大而完善的金融体系。美国金融业经过 200 多年的发展,如今已成为世界上最先进最发达的金融体系,拥有许多世界知名的商业银行、投资机构、保险公司、储蓄机构,拥有世界上最大的证券市场,在国际金融体系中具有决定性地位。三是形成了领先全球的技术实力与研发能力。从新中国成立到现在,美国一直以立法的形式鼓励科学创造,通过巨额的科研投入、完善的科研基础设施、有力的鼓励支持政策以及有效的人才培养和引进机制,树立了在全球科技领域的领导地位。四是形成了非常完备的商业环境。美国的商业运营成本、生活成本较为合理,市场经济发达、法律体系完备,共同构成了具有竞争力的商业环境。

　　中国对美国的直接投资近些年有了较大幅度的增长。2015 年,中国全年对美投资额达到创纪录的 157 亿美元,较 2014 年增长 30%。并购活动尤其活跃,全年共产生 103 笔交易,价值合计 140 亿美元。但总的来看,中国对美国的直接投资数量仍然偏小。2015 年,中国对美国直接投资流量占同期中国对外直接投资流量的 13.3%,这与中国作为世界最大发展中经济体、美国作为世界最大发达经济体的地位还不是很相称。因此,中国对美国直接投资还有很大的发展空间。

　　20 世纪 70 年代中期以来,美国大力进行从工业经济向信息经济转变的产业结构调整,以信息技术为代表的高新技术产业,以及信息技术所支持的现代服务业和新兴服务业快速发展,与此同时对传统产业进行改造,极大地促进了产业结构转型升级,使美国经济继续保持全球领先的强大竞争力。美国产业结构转型升级引发产业布局新变化,产生投资新需求,为中国开展对美投资带来了新机遇。从中国对美国进行直接投资的主要目的即获取逆向技术溢出效应出发,投资行业应该以高端制造业等高技术产业和现代服务业为主,同时从中国在劳动密集型制造业中的比较优势出发,兼顾投资劳动密集型制造业。

一是面向美国高科技产业,努力扩展技术寻求型投资。目前中国对美直接投资中,虽然有很大比重流向制造业,但大部分都集中于技术含量不高的低端制造业,不利于取得逆向技术溢出效应。实际上,美国虽然整体上在汽车、化工、制药、生物科技、电子计算机等高科技的制造业领域处于全球领先地位,但不排除个别领域和企业也存在资金短缺、劳动力不足的现象,需要吸收外国投资。另一种情况是,美国有些行业和企业出于技术更新换代的考虑,需要淘汰一部分技术和产能,而这些技术和产能却有益于中国技术进步和产业升级,这也为中国对美投资带来了机遇。美国吸收外国投资的实践也证明了其制造业需要外来投资,自 2000 年以来,制造业一直是美国吸收外来投资最多的领域。上述分析表明,在中国对美直接投资中,应采取"逆向突破"的战略思路,发挥中国领军企业的作用,加大在汽车、化工、制药、生物科技、信息产业、电子计算机领域的投资,尤其要加快在美国技术发达地区设立研发中心,以及与当地高校、企业和科研机构等开展技术交流与合作,通过各种技术溢出渠道获得先进技术。值得注意的是,出于政治、安全等方面原因,美国对中国技术寻求型投资保持警惕,在一些敏感行业、敏感领域和敏感企业设置了种种外资进入障碍,如何突破这些障碍是中国对美投资过程中需要认真面对的问题。

　　二是面向美国现代服务业,努力扩展学习型投资。目前中国对美直接投资的领域中,服务业是仅次于制造业的第二大产业,为后续对服务业的投资奠定了良好基础,也积累了经验。从当前中国对美服务业投资的现状以及未来趋势判断,对美服务业投资仍然具有很大的发展空间。一方面,美国持续进行产业结构高级化调整,服务业在国民经济中的比重已超过80%,具有庞大的总量规模,蕴含着庞大的投资需求;而且,与美国制造业需要国外投资一样,美国服务业虽然居于全球领导地位,但在有些领域和有些企业却需要外来资本的支持,2008年的国际金融危机造成很多服务业企业资金困难,制造了新的投资需求,这种资本需求一直延续到后金融危机的当今时代。另一方面,从美国利用外资的实际来看,服务业是美国利用外资最多的产业,其中零售和批发业、金融保险业是美国最为发达的产业,也是吸收外资最多的产业。中国对美国进行投资时,应当把现代服务业作为重点方向,寻求急需外部资金支持而且美国政策鼓励外来投资的领域,大量扩展投资。同时,合理运用两国之间的贸易投资协定,并积极通过政治、经济、外交等途径与美国相关方面沟通谈判,争取在更多技术含量高的现代服务业领域扩大对美投资,达到获取技术逆向溢出效应、促进中国国内产业升级的目的。

　　三是面向美国传统制造业产业,发挥中国比较优势,进行产业转移型投资。在家用电器、建筑工程、纺织服装、公路铁路修建及机车制造、船舶制造等传统制造业行业,中国已经形成发达的生产制造体系,而且在很多行业存在产能过剩现象,需要寻求国际市场以继续扩大生产,同时为国内产业升级腾挪资源和市场空间。按照一般思路,中国以产业转移为目的的对外直接投资应面向经济和产业发展水平与中国相当或者低于中国的国家,但在上述行业中中国已经具备对美国的综合相对优势甚至局部相对技术优势,在个别行业逐步成长起一批具有世界知名度的企业和品牌;同时,近几十年来美国国内陆续进行以计算机和信息产业为主导的大规模产业升级,对上述传统制造业行业的发展有所弱化,在以国内消费为主导的经济增长模式下,不得不依靠进口来满足庞大的国内需求。有关研究表明,美国对家用电器和生活用品存在大量需求,包括农机配件、汽车配件、金属加工车床、电子互感器、货车、起重机、中型机械、电视机、洗衣机、照相机、空调等等①,客观上为中国对这些行业的投资创造了条件。因此,中国企业应该抓住美国产业结构调整以及传统制造业产品大量依赖进口的机遇,积极发展对美出口导向型投资,特别是注重技术含量相对较高的制造业投资,如家电、高铁、机车制造、汽车配件、船舶制造等。

第四节　培育国际竞争新优势
助推制造业价值链升级

如前所述,根据价值创造流程,整个全球价值链可以分解为众多的价值创造环节,不同国家和区域凭借各自的比较优势融入全球价值链,在不同的价值环节从事相应的生产活动。改革开放以来,中国凭借廉价的劳动力、土地、资源能源等要素投入,迅速地融入全球价值链。中国嵌入全球价值链主要采取两种形式:一是国内企业主动承接跨国公司的外包业务,按要求生产加工再出口;另一种是跨国公司的"垂直型 FDI",即通过独资、合资形式,跨国公司直接在国内建立工厂,专业化从事价值链某个环节的生产或服务活动。由于产业基础薄弱、核心技术和品牌缺失等原因,造成中国长期处在全球价值链低端。一方面中国在价值链分工中产品增值率始终较低,而由外商控制的产业链上游及下游,其增值收益往往是国内企业的十余倍、

---

① 孙建中、马淑琴、周新生:《中国对外直接投资产业选择研究》,中国财政经济出版社2002年版,第390页。

甚至几百倍。而低端产业的扩张不仅不能带来增值收益的增加,反而可能使中国陷入"贫困性增长"的陷阱。另一方面,因为低端产业技术含量小、进入门槛低,各发展中国家都想通过这一环节嵌入全球生产网络,国际竞争加剧。加之中国是加工贸易大国,劳动密集型产品的大量出口势必引起国际市场价格下降,附加值变得更低,导致出口越多,收益越少的"谷贱伤农"现象。在这种情况下,利用竞争新优势实现价值链升级就成为摆脱中国产业困局的一个必然选择。

一、利用人力资本新优势,促进价值链的高度化

发达国家的经验证明,人力资本是保持经济长期增长的主要动力。根据预测,到 2020 年,中国 25 岁及以上人口的平均受教育年限将达到 8.63 年,届时中国人力资本总量位居世界前列。人力资本的流动和重新配置促使产业价值链逐渐优化和升级。资本、自然、管理等要素的质量和数量,以及它们在区域间的配置效率和使用效率,决定了产业在全球价值链中的位置,而投入要素的配置与使用效率归根到底是由人力资本的配置与使用决定。随着传统优势的不断弱化,不断积累的人力资本在推动价值链创新以及升级中的作用将会越发凸显。

从全球价值链的分工环节来看,处在上游的研发设计和下游的品牌营销都表现出明显的人力资本密集型特点。因为主要的利润空间和发展前景都主要集中在价值链分工的两端环节,发达国家凭借先发优势往往占据这些环节,并竭尽所能阻碍甚至避免这些产业环节分工、转移到发展中国家,采用各种手段控制技术的转移和外溢。因此,要实现价值链调整与升级,东道国本身必须具备较强的技术引进和知识外溢的利用能力,而这种"非天赋的资源优势"的获得,往往需要东道国有意识的培养,唯有高素质的人力资源才能实现对先进技术和信息要素的吸收与开发。因此,在中国人力资本优势的基

础上,发挥学习曲线效应,努力吸收发达国家外溢的知识和技术,实现价值增值环节由低端向中高端转移。

具体而言,要将国家人力资源开发政策与产业发展政策紧密联系起来,促进中国经济发展方式的转变;将人力资源开发与产业发展和价值链分工结合起来,采取教育、培训等各种政策和市场引导措施,不断提升人力资源质量水平;提升高素质人力资源的收入水平,通过不同质量水平人力资源的回报差异,引导企业、社会和个人对人力资源质量开发进行有效投资。

二、发挥本土市场效应,实现价值链下的产业升级

产业升级是微观机制作用下价值增值的宏观体现,其逻辑起点是企业技术能力,现实动力是产品市场需求。对于本国市场在产业升级过程中的作用,美国经济学家克鲁格曼在理论上提出了本土市场效应假说,即在一个报酬递增与存在贸易成本的世界中,那些拥有相对较大国内市场需求的国家会产生大规模生产和高效率,使本国在满足本土需求之外还能增加出口。竞争战略之父波特则通过"钻石理论"阐述了母国的内需市场借助它对规模经济的影响能够催生国家产业的竞争力。

中国拥有国内市场空间大的优势。首先,近14亿的人口提供了其他国家无法比拟的巨大的国内消费市场。其次,中国区域经济发展不平衡,收入水平、消费习惯的差异也造成不同区域的消费能力存在很大差异,最终形成多元并多级的市场需求。最后,作为新兴市场经济国家,中国还面临两种需求拉动因素:一是进入经济增长阶段,城市化、工业化、信息化都会产生强大的投资和消费需求;二是中国的许多市场,如地铁、住房、汽车等均处于需求不断扩大的阶段。

中国巨大的国内消费市场对产业升级具有三个方面的效应:

一是消费发现效应。中国巨大的消费市场同时也意味着消费需求的异质性和变化的多样性。相对于国际市场,国内市场在历史、文化、制度等方面具有独特性,同时,还可能存在政府对本土市场的保护。国内企业在这两个方面较之于跨国公司更具优势。凭借这两方面的优势,当地企业能更加快速地把握本土市场的变化趋势,甚至能引导消费者的消费预期。凭借这种需求发现优势,只要拥有能够满足消费者特定需求的技术创新,当地企业就能够在这种产品市场上形成基本的进入壁垒,从而获得额外的需求,并产生相应的垄断利润。而潜在的垄断利润就是企业发展技术能力的结果与产业升级中价值增值的体现。

二是规模经济效应。巨大的国内消费市场有助于企业实现规模报酬递增。在经济学理论中,"市场范围假说"描述了市场规模与报酬递增、经济增长的关系。如果市场范围假说成立,则市场规模越大,本土市场通过对规模报酬递增的影响,就越有可能发挥对创新动力的引致功能,从而内生地培育国内市场分工与企业技术能力,为拓展具有更高边际利润的价值创造活动与产业升级提供持续的运营支持。

三是技术进步效应。对于中国这样一个内部需求处于高速增长的经济体来说,本土市场的最终需求将直接影响跨国公司的利益分配和利润增长,进而影响跨国公司的决策,并诱导跨国公司将面向全球销售的产品进行改造以适应本土市场的异质偏好。为了满足消费者的异质性偏好需求,跨国公司最便捷的方式就是开展与本土企业的参与式合作,将面向西方市场成熟的大规模生产技术与本土企业长期积累并难以模仿的国别性知识结合起来。虽然这种参与式合作并不能直接推动全球价值链下的产业升级,但本土企业可以充分利用跨国公司在这一过程中的技术溢出。在参与式合作中,跨国公司通常会针对本土市场,与当地企业进行适应性产品的设计和制造,并提供给本土企业包括先进设备的操作技术,产品的适应性开发与设计以及对本土企业进行结构优化的技术支持等。同时,利用与跨国公司的合作,本土企业可以获得与产品用户进一步接触的机会,以获取更多的本土市场信息和知识。因此,本土企业可以通过参与式合作的方式吸收跨国公司相应的技术方法、产品设计,为产业升级提供技术支撑。

三、发挥外商投资和对外直接投资对产业升级的积极作用

改革开放以来,中国实际利用外资已经连续二十多年居发展中国家首位,企业对外直接投资也已跃居世界第三。虽然目前学术界关于外商投资和对外直接投资对一国产业升级的作用还存在很大争议,但随着经济全球化的不断发展,大规模的利用外资和对外投资已成为一个不可逆的趋势。在这种情况下,我们需要做的是调整外商投资和对外直接投资的结构,努力规避它的限制作用,为产业升级提供新的驱动力。

外商投资主要通过两个途径对东道国的产业结构产生影响:一是资本溢出;二是技术溢出。资本溢出是指跨国公司凭借其巨大的企业规模和便利的融资条件,通过多种途径增加东道国的资本存量,进而弥补东道国的外汇出口与储蓄缺口。技术溢出则具体体现在三个方面:一是关联效应,外资进入某一产业通过后向关联和前向关联引起其他相关产业的技术进步;二是示范效应,东道国本土企业与跨国公司之间的技术差距促使东道国本土企业效仿、学习跨国公司的行为,进而提高自身的技术水平;三是竞争效应,外资的进入导致东道国本土企业面临的竞争加剧,为提高生产效率,增强市场竞争力,东道国本土企业必须加快技术、产品更新的步伐。

因此,在利用外资方面,我们一方面应提升本国对跨国公司技术

溢出的吸收能力,促进产业升级。如加大开放力度,完善金融体系;注重"引人"与"引智"相结合,注重校企合作,提高研发水平;推进产业集聚,加强基础设施建设和省际合作等。另一方面,积极发挥政府的引导作用,调整外资进入方式、来源、行业分布等,促进中国外商投资向技术更先进、来源更丰富、布局更合理的方向发展。

而关于对外直接投资与母国产业升级之间的关系,西方学者很早就以发达国家为例,进行了分析。如英国经济学家邓宁和美国经济学家弗农以美国为研究对象,调查了美国企业的对外直接投资和产业外向转移,指出劳动密集型产业转移到发展中国家,推动了美国产业结构朝着资本与技术密集方向的调整。日本学者赤松要提出了"雁形产业梯度转移"理论,将日本置于"头雁",说明日本的对外直接投资促进了本国的产业升级。一般而言,发展中国家的对外直接投资主要通过"逆向技术溢出"对母国产业升级造成影响。一方面,发展中国家的对外直接投资通过直接的逆向技术转移、溢出和扩散影响本国的技术进步,进而影响产业升级。另一方面,通过非技术渠道,发展中国家可以学习到发达国家先进的企业管理制度、创新体系、金融支持体系和知识产权保护等。

因此,在对外直接投资方面,面对有利于"走出去"的大好时机,我们应该大力推进中国高新技术产业和现代服务业开展对外直接投资;鼓励企业以并购的方式,或者是以技术、机器设备、工业产权等作为资本投入进入发达国家市场;促进对外直接投资企业与国内企业的前后向联系、技术流动和知识外溢。

四、加快发展服务贸易,尤其注重发挥生产性服务业对制造业升级的带动作用

加入 WTO 以来,中国服务贸易稳步增加,贸易规模不断攀升,已逐渐在世界服务贸易版图中占据重要地位。即使在"后危机时

代"，世界经济整体低迷的情况下，中国的服务贸易依然取得了显著的发展。2012 年，中国服务贸易进出口总额达到 4715 亿美元，比上年增长了 12%。

生产性服务是企业在生产过程中的一种中间投入。为了降低生产成本，提高核心业务竞争力，企业把原来由自己来提供的投入独立或分离出去，由其他成本更低、更有竞争力的专业化服务生产者来提供。根据发达国家的经验，生产性服务业与制造业的融合日益体现出两个特征：一是生产性服务业投入占制造业要素总投入的比重不断上升；二是生产性服务业与制造业相互影响和互动发展的趋势愈发明显。制造产业集群作为制造业嵌入全球价值链的关键，发展中国家也越来越多地依靠发展生产性服务业来适应国际产业转移，并实现产业升级。

生产性服务贸易推动产业结构优化与升级，主要通过以下几个途径来实现：

一是资源再配置效应。资本、劳动和技术等要素的积累通过生产性服务贸易会得到进一步强化，并导致投入要素在不同的产业间进行重新配置。

二是效率提高效应。随着生产性服务贸易更多地向资本、技术和知识密集型集中，规模经济效应和竞争的加强有利于提高运营效率。

三是要素积累效应。通过发展生产性服务贸易，本国的员工可以接触到世界其他企业先进的技术、科学的管理方法和经营方式等，并最终实现诸如人力资本要素、管理要素、知识要素、信息要素以及经验要素等现代生产要素的累积。

因此，我们要加大市场改革力度，进一步消除生产性服务业发展的体制障碍；丰富融资方式，加强对生产性服务业的融资支持；引导生产性服务贸易的产业布局，重点支持对制造业生产效率影响较大的计算机与信息服务、通信服务和金融保险服务等行业的发展。

五、发挥技术创新对全球价值链下产业升级的核心作用

在经济全球化背景下,创新成为国家外贸竞争的核心。目前,中国已基本具备了建设创新型国家的条件和基础。研发资金、高技术人才、具备企业家精神和企业家才能的领导者、知识、技术等作为创新的核心要素,通过多年的积累,已经有了较大的改观。

技术创新主要通过三种途径对产业结构产生影响:一是根本性技术创新推动既有产业的改造升级;二是原创性创新的溢出与模仿创新产生的"乘数效应";三是技术创新会强化企业的市场竞争,产生优胜劣汰的选择效应。

产业结构的优化升级正是这三种效应共同作用的结果。具体而言,产业结构的变化包括两个层次:一是创新技术推动新产业的生成和既有产业的升级,进而实现产业结构的高级化和合理化;二是技术创新会推动新的主导产业群的形成,围绕主导产业群,会有一大批关联企业,最终形成新的产业集聚区。这两个层次的变化,均有利于产业结构的调整,使生产要素的配置更趋合理,并进而提高资源的利用效率。

因此,我们要创造有利的条件,支持企业技术创新。一是围绕应用型技术创新,构建相应的优势资源创新体系和教育产业配套体系,以进一步提高应用性技术学科的地位。二是为企业创新提供资金保障,在建立健全企业融资体系、增加企业融资弹性的同时,综合运用税收、补贴和会计制度等工具杠杆,激发工业企业的内在创新动力。三是为技术创新型的商业化运作提供制度保障,增加技术创新的流动性,健全技术产权交易制度,建立生产者与发明者之间的沟通平

台,进一步降低技术成果供需之间的交易成本。

值得注意的是,任何国家在全球价值链中地位的升级,都是以应用型技术为源泉,以潜在的市场利润为直接推动力的结果。在"后危机时代"的经济转型浪潮中,产业结构优化升级的实现,不能停留在单一要素的比较优势上,而应该努力发挥多种新优势的综合作用。无论是人力资本、国内市场,还是服务贸易、技术创新等新优势推动价值链升级,都是通过技术创新发挥作用。而技术创新的特殊之处就在于它同要素优势和价值链同时存在良性互动,这种良性互动一方面可以进一步积累现代高等生产要素,另一方面也有利于优化产业结构,提高生产效率,最终增强企业的国际竞争力。

六、各级政府要树立正确的经济发展观,助力中国制造业向产业链高端攀升

在以 GDP 为政绩导向的考评制度中,各级地方政府急功近利的政绩追求客观上也促使中国企业形成对"国际代工"低端生产方式的路径依赖。长期以来,GDP 增长成为考核地方政府政绩最核心甚至是唯一的指标。过分强调 GDP,会使地方政府热衷于做"短、平、快"易见成效的事。由于代工在 GDP 增长、税收增加和劳动力就业方面具有立竿见影的效果,因此各级地方政府出于 GDP 增长考虑,出台变相的零土地使用费、零税收等恶性竞争措施和设立出口加工区、实施出口退税优惠政策,在一定程度上强化了加工贸易型代工企业的路径依赖,代工企业通常没有足够动力进行技术创新、创意研发、品牌创建、渠道开拓等,从而被锁定于全球价值链的低端环节。

中国本土制造业要实现向产业链高端攀升,需要政府政策的转型和支持。首要的是各级政府要改变以往主要依靠大规模的要素投入和政策支持力度来实现产值增长的经济发展观,树立以技术、品牌、竞争力和政策支持效果为导向的经济发展观。各级政府考核不

能再落入 GDP 决定论的窠臼,应改变以出口规模和出口数量增长、产值的扩大作为政府政绩和地方外向型经济发展考核的决定依据,将资源环境、质量安全、经济效益等指标纳入政绩考核体系。虽然企业是转变经济发展方式的微观主体,但政府可以创造环境,提升企业活力,引导经济发展方式转变。政府要帮助众多的沉湎于"中国制造"而非"中国创造"的企业自创品牌,培育和扶植本国品牌的市场基础,为实施国际品牌战略的企业提供制度性的支撑条件,帮助企业整合知识、技术和人才,实行管理创新,助力中国企业向产业链高端攀升。

在推动产业梯度转移和转型升级的过程中,需要政府政策的相应支持:一是从产业发展的角度,统筹规划产业转移,打破地方垄断主义,通过构建投资促进平台、信息交流平台,为产业对接创造条件;二是遵循市场原则,通过利益驱动机制和合理的安排来推动东部产业向中、西部的转移;三是加强中西部的交通运输、信息通信和电力能源、市政设施、园林绿化、环境卫生等基础设施建设,吸引东部地区成熟产业有序转移,延长产品的生命周期;四是中西部要营造良好的法治环境,提高地方政府的公信力和履约力,不断降低内迁企业的迁移成本。对于中国本土企业在全球价值链上利益的被挤占,需要政府在政策制定层面依据国际惯例和国家政治、贸易、外交、文化之间的关系变化适时作出动态的调整与协调,制定并实施国际协调型产业政策,以增强中国本土制造业的国际竞争力,从而达到国家战略利益最大化的产业政策目标。同时还要积极参与全球经贸制度环境治理,把日益上升的经济实力转化为市场势力和国际影响力,构建对中国经济发展有利的外部环境,在国际经贸制度安排中谋取更多高端的利益。

总之,中国制造业要向高端创造环节攀升,迫切需要政府、市场和企业共同努力,积极创造条件,加快中国对外贸易发展方式由粗放型的数量扩张向集约型的质量增长转变,促进加工贸易转型升级,实现中国制造业在全球价值链分工中的层次提升,驱动中国制造业向全球价值链高端攀升,从而从根本上化解和扭转中国在中美贸易乃至全球贸易格局中贸易数额巨大而贸易收益很小的被动与尴尬局面。

参考文献

1. 埃尔赫南·赫尔普曼、保罗·克鲁格曼:《市场结构和对外贸易》,上海人民出版社 2009 年版。

2. 保罗·克鲁格曼:《国际贸易新理论》,中国社会科学出版社 2001 年版。

3. 保罗·克鲁格曼:《战略性贸易政策与新国际经济学》,中国人民大学出版社 2000 年版。

4. 白树强:《全球竞争政策——WTO 框架下竞争政策议题研究》,北京大学出版社 2011 年版。

5. 北京大学中国经济研究中心课题组:《中国出口贸易中的垂直专门化与中美贸易》,《世界经济》2006 年第 5 期。

6. 陈炳才:《关注中国经济失衡》,中国金融出版社 2007 年版。

7. 陈开军:《国际垂直专业化分工对中国制造业产业集聚的影响研究》,北京师范大学博士学位论文,2014 年。

8. 陈伟:《战略与经济对话下的 21 世纪中美经贸关系研究》,中国经济出版社 2013 年版。

9. 程伟:《经济全球化与经济转轨互动研究》,商务印书馆 2005 年版。

10. 崔玮:《加工贸易与中国经济增长》,经济科学出版社 2010 年版。

11. 曹明福、李树民:《全球价值链分工的利益来源:比较优势、规模优势和价格倾斜优势》,《中国工业经济》2005 年第 10 期。

12. 曹乾、何建敏:《中美双边贸易不平衡额的重新估算——兼析美中贸易巨额逆差的原因》,《东南大学学报》2004 年第 5 期。

13. 曹晓蕾:《全球生产网络体系下贸易利益理论研究述评》,《世界经济与政治论坛》2010 年第 4 期。

14. 曹明福:《全球价值链分工的利益分配》,西北大学博士学位论文,2007 年。

15. 陈继勇、刘威:《全球价值链视角下美中贸易失衡中的利益分配》,《财经问题研究》2008 年第 11 期。

16. 陈勇:《中美贸易差额的利益格局——基于国际产业转移视角的考察》,《东北财经大学学报》2011 年第 6 期。

17. 陈亚艳:《浅析中美贸易失衡与双方利益格局》,《当代经济》2008 年第 1 期。

18. 大卫·格林纳韦:《国际贸易前沿问题》,中国税务出版社 2000 年版。

19. 邓军:《国际生产分割的宏观经济效应研究》,经济科学出版社 2012 年版。

20. 杜晓英:《国际产品内分工下中国加工贸易转型升级问题研究》,知识产权出版社 2013 年版。

21. 代中强、梁俊伟:《分工与贸易利益:理论演进与中国经验》,《当代财经》2007 年第 9 期。

22. 戴翔:《中国出口贸易利益究竟有多大——基于附加值贸易的估算》,《当代经济科学》2015 年第 3 期。

23. 方勇:《分工演进与贸易投资一体化》,社会科学文献出版社 2011 年版。

24. 高伟凯:《自由贸易与国家利益》,中国社会科学出版社 2010 年版。

25. 顾卫平:《当代世界经济与中国对外贸易研究》,上海大学出版社 2004 年版。

26. 郭炳南:《中国参与国际生产分割的经济效应研究》,上海交通大学出版社 2013 年版。

27. 郭其友、王春雷:《中美贸易的利益分配——基于产出与消费视角的理论经验分析》,《厦门大学学报》2011 年第 4 期。

28. 郭秀慧:《全球工序分工背景下跨国公司内部贸易利益分配研究》,辽宁大学博士学位论文,2013 年。

29. 高敬峰:《中国出口贸易利益测算与行业差异分析——基于出口收入指数的方法》,《经济评论》2011 年第 4 期。

30. 海闻:《国际贸易:理论政策实践》上海人民出版社 1996 年版。

31. 何帆、张斌:《寻找内外平衡的发展战略》,上海财经大学出版社 2006 年版。

32. 胡昭玲:《国际垂直专业化分工与贸易:研究综述》,《南开经济研究》2006 年第 5 期。

33. 胡昭玲:《国际垂直专业化与贸易理论的相关拓展》,《经济评论》2007 年第 2 期。

34. 贾怀勤:《中美贸易平衡问题综论》,对外经济贸易大学出版社 2004 年版。

35. 金芳:《全球化经营与当代国际分工》,上海人民出版社 2006 年版。

36. 金芳:《国际分工的深化趋势及其对中国国际分工地位的影响》,《世界经济研究》2003 年第 3 期。

37. 景莉、曹明福:《国际贸易利益分配的比较优势论》,《生产力研究》2009 年第 21 期。

38. 焦军普:《国内市场扭曲与对外贸易利益关系问题研究》,北京师范大学博士学位论文,2004 年。

39. 拉尔夫·戈莫里、威廉·鲍莫尔:《全球贸易和国家利益冲突》,中信出版社 2003 年版。

40. 李东阳:《国际直接投资与经济发展》,经济科学出版社 2002 年版。

41. 李荣林:《动态国际贸易理论研究——均衡与非均衡分析》,中国经济出版 2000 年版。

42. 李荣林、张岩贵:《中国对外贸易与经济增长转型的理论与实证研究》,中国经济出版社 2001 年版。

43. 李树杰:《美国贸易逆差的成因及对中国的启示》,河北人民出版社 2005 年版。

44. 李晓钟:《从比较优势到竞争优势——理论与实证研究》,浙江大学出版社 2009 年版。

45. 李永、刘鹃:《贸易自由化、产业结构升级与经济发展》,立信会计出版社 2005 年版。

46. 李翀:《有利于发达国家的国际贸易利益分配格局——发达国家的三重贸易利益》,《世界经济与政治》2005 年第 11 期。

47. 李海舰、原磊:《基于价值链层面的利润转移研究》,《中国工业经济》2005 年第 6 期。

48. 李萍、赵曙东:《中国制造业价值链分工贸易条件影响因素的实证研究》,《国际贸易问题》2015 年第 7 期。

49. 李真:《经济全球化条件下中国贸易利益影响因素分析——基于技术进步和国际制度视角的考察》,《马克思主义研究》2009 年第 12 期。

50. 李真:《FDI 的贸易效应研究及实证检验——基于中国产业价值链、贸易结构和贸易利益视角的分析》,《山西财经大学学报》2009 年第 7 期。

51. 李真:《贸易利益失衡分配框架下的技术溢出效应研究——基于 1981—2006 年中国数据的分析》,《数量经济技术经济研究》2009 年第 11 期。

52. 李真:《国际贸易利益中的"马太效应"及其传导机制分析》,《国际经贸探索》2010 年第 1 期。

53. 李生明、王岳平:《新国际分工格局下不同类型国家国际分工地位》,《国际经贸探索》2010 年第 6 期。

54. 李强:《经济全球化背景下中美贸易不平衡的研究》,南开大学博士学位论文,2010 年。

55. 厉以宁、秦宛顺:《中国对外贸易与国际收支研究》,国际文化出版公司 1991 年版。

56. 林珏:《涉外经贸关系——中国与主要贸易伙伴》,上海财经大学出版社 2006 年版。

57. 林冰、叶欣:《中国贸易条件与贸易利益增长关系的研究》,《改革与战略》2009 年第 9 期。

58. 林斐婷:《产品内分工与中美贸易失衡的影响分析》,《亚太经济》2014 年第 4 期。

59. 林玲、段世德:《经济全球化背景下的中美贸易利益分配研究》,《世界经济与政治论坛》2008 年第 4 期。

60. 林玲、段世德:《论技术溢出对中美贸易利益分配的影响》,《亚太经济》2010 年第 1 期。

61. 林玲、余娟娟:《后危机时代中国对外贸易利益获取机制构建研究》,《商业时代》2012 年第 22 期。

62. 梁碧波:《工序贸易及其影响效应——一个基于工序分工的贸易模型及其政策含义》,《国际经贸探索》2011 年第 12 期。

63. 刘春生:《全球生产网络的构建与中国的战略选择》,中国人民大学出版社 2008 年版。

64. 刘光溪:《共赢性博弈论——多边贸易体制的国际政治经济学分析》,上海财经大学出版社 2007 年版。

65. 刘旭:《对外贸易发展战略与对策》,电子工业出版社 2011 年版。

66. 刘志忠:《中国贸易差额、货币供给与金融安全》,湖南师范大学出版社 2013 年版。

67. 刘建江、杨细珍:《全球价值链视角下中美贸易失衡中的贸易利益研究》,《国际贸易问题》2011 年第 8 期。

68. 刘磊《国际垂直专业分工下的"中国—美国—东亚"贸易体系》,《当代经济研究》2014 年第 1 期。

69. 刘友金、胡黎明:《产品内分工、价值链重组与产业转移——兼论产业转移过程中的大国战略》,《中国软科学》2011 年第 3 期。

70. 刘志彪、张杰:《全球代工体系下发展中国家俘获型网络的形成、突破与对策——基于 GVC 与 NVC 的比较视角》,《中国工业经济》2007 年第 5 期。

71. 卢锋:《全球价值链》,《经济学季刊》2004 年第 4 卷第 1 期。

72. 卢福财、胡平波:《全球价值网络下中国企业低端锁定的博弈分析》,《中国工业经济》2008 年第 10 期。

73. 卢锋:《服务外包的经济学分析:全球价值链视角》,北京大学出版社 2007 年版。

74. 马涛:《全球生产体系下的中国经贸发展》,社会科学文献出版社 2012 年版。

75. 马野青:《全球价值链视角的中国外贸顺差及其利益分析》,《世界经济与政治论坛》2010 年第 1 期。

76. 苗长青、戚雪梅:《中美产品内贸易水平——基于加工贸易基础上的分析》,《经济研究参考》2015 年第 20 期。

77. 孟祺:《垂直专业化和中美贸易不平衡》,南京农业大学博士学位论文,2009 年。

78. 梅俊杰:《自由贸易的神话——英美富强之道考辨》,上海三联书店 2008 年版。

79. 裴长洪:《中国对外经贸理论前沿(4)》,社会科学文献出版社 2006 年版。

80. 蒲华林:《产品内国际分工与贸易的决定因素——基于中国零部件贸易数据的实证分析》,《国际贸易问题》2010 年第 5 期。

81. 蒲华林、张捷:《产品内国际分工与中国获取的价值———基于零部件进出口的分析》,《财贸研究》2012 年第 1 期。

82. 蒲华林:《产品内国际分工与贸易——基于中国贸易增长的经验研究》,暨南大学博士学位论文,2009 年。

83. 强永昌:《产业内贸易论——国际贸易最新理论》,复旦大学出版社 2002 年版。

84. 丘杉:《中美贸易摩擦的战略考察》,社会科学文献出版社 2009 年版。

85. 帅建林:《中美贸易摩擦治理研究》,西南财经大学出版社 2013 年版。

86. 沈国兵:《中美贸易平衡问题研究》,中国财政经济出版社 2007 年版。

87. 孙国辉:《跨国公司内部贸易研究》,山东人民出版社 2002 年版。

88. 商建雪:《产品内贸易利益分配分析及其启示》,《合作经济与科技》2011 年第 4 期。

89. 宋倩:《全球生产网络中的贸易利益分配》,《合作经济与科技》2010 年第 2 期。

90. 宋玉华、朱思敏:《垂直专业化的贸易利益分配机制研究》,《世界经济研究》2008 年第 3 期。

91. 苏汾:《西方贸易理论中的贸易利益分配问题及其对贸易政策的影响》,《生产力研究》2010 年第 4 期。

92. 隋福民、饶鹏:《开放条件下贸易利益内涵的界定及其相关理论评述》,《国际贸易问题》2007 年第 1 期。

93. 史本叶:《垂直专业化与产品内贸易研究》,吉林大学博士学位论文,2008 年。

94. 田文:《产品内贸易》,经济出版社 2006 年版。

95. 田文:《产品内贸易模式的决定与利益分配研究》,《国际商务(对外经济贸易大学学报)》2005 年第 5 期。

96. 佟家栋:《贸易自由化、贸易保护与经济利益》,经济科学出版社 2002 年版。

97. 唐海燕、张会清:《产品内国际分工与发展中国家的价值链提升》,《经济研究》2009 年第 9 期。

98. 万兆泉:《中美产业内贸易与贸易摩擦关系》,社会科学文献出版社 2013 年版。

99. 王丽军、周世俭:《全球经济失衡与中美经贸关系》,上海社会科学院出版社 2007 年版。

100. 汪素芹:《中国外贸增长方式转变的绩效研究》,南京大学出版社 2011 年版。

101. 王涛生:《制度创新与国际贸易竞争优势——理论、模型与实证》,经济科学出版社 2010 年版。

102. 王新奎:《国际贸易与国际投资中的利益分配》,上海三联书店 1989 年版。

103. 王昌盛、周绍东、钱书法:《本土企业在全球价值网络中的建构性升级——分工、技术与市场内生互动的"第三条路径"》,《世界经济与政治论坛》2014 年第 3 期。

104. 王俊、杨恬恬:《全球价值链、附加值贸易与中美贸易利益测度》,《上海经济研究》2015 年第 7 期。

105. 王进明:《中美贸易:巨额顺差背后的利益流失》,《财经问题研究》2006 年第 7 期。

106. 王凯:《国际垂直专业化分工条件下的中国贸易利益分析》,《改革与战略》2008 年第 10 期。

107. 王孝松、周嘉辰、翟光宇:《"中国制造"对美国就业的拉动作用——中国制造业出口中"美国含量"的经验分析》,《经济理论与经济管理》2014 年第 2 期。

108. 王贵全:《后发优势与贸易利益》,复旦大学博士学位论文,2003 年。

109. 伍华佳、苏东水:《开放经济条件下中国产业结构的演化研究》,上海财经大学出版社 2007 年版。

110. 夏先良:《中美贸易平衡问题研究》,社会科学文献出版社 2011 年版。

111. 徐滇庆、王直、李昕:《从外贸顺差到汇率之争——人民币升值的定量分析》,北京大学出版社 2013 年版。

112. 徐海宁:《经济学前沿理论与中国对外经济贸易》,中国对外经济贸易出版社 2003 年版。

113. 徐松:《产业内贸易理论研究》,吉林大学出版社 2005 年版。

114. 肖虹:《中美经贸关系史论(1950—2000 年)》,世界知识出版社 2001 年版。

115. 杨正位:《中国对外贸易与经济增长》,中国人民大学出版社 2006 年版。

116. 尹翔硕:《贸易战略的国际比较》,复旦大学出版社 2006 年版。

117. 余淼杰:《国际贸易的政治经济学分析:理论模型与计量实

证》,北京大学出版社 2009 年版。

118. 余永定:《我看世界经济》,三联书店 2004 年版。

119. 余元明:《贸易利益与中国出口导向型发展战略的调整》,华中科技大学博士学位论文,2012 年。

120. 章丽群:《中美制成品产业内贸易与利益分配》,上海财经大学出版社 2010 年版。

121. 张碧琼:《国际资本流动与对外贸易竞争优势》,中国发展出版社 1999 年版。

122. 张二震、马野青:《国际贸易政策》,中国青年出版社 2003 年版。

123. 张汉林、王曙光、王水晶:《WTO 与中国经济未来(案例卷):贸易争端剖析——摩擦与协调》,人民日报出版社 2002 年版。

124. 张汉林、屠新泉、徐春艳:《WTO 与中国经济未来(制造业卷):制造业承诺与重新分工和产业升级》,人民日报出版社 2002 年版。

125. 张鸿:《中国对外贸易战略的调整》,上海交通大学出版社 2006 年版。

126. 张伟:《后发优势与贸易发展》,中国社会科学出版社 2003 年版。

127. 张燕生、刘旭、平新乔:《中美贸易顺差结构分析与对策》,中国财政经济出版社 2006 年版。

128. 张幼文、黄仁伟:《制度竞争与中国国际分工地位》,上海远东出版社 2003 年版。

129. 张幼文:《双重体系的扭曲与外贸效益》,上海三联书店 1995 年版。

130. 张幼文:《价值增值论——国际经济分析的价值理论》,上海社会科学院出版社 1995 年版。

131. 张迪杰、李南成:《国际分工下的贸易利益和中国的战略选择》,《生产力研究》2012 年第 7 期。

132. 张纪:《全球价值链、产业片段化转移与中国产业跨越发展》,《现代经济探讨》2012 年第 9 期。

133. 张纪:《产品内国际分工中的收益分配——基于笔记本电脑商品链的分析》,《中国工业经济》2006 年第 7 期。

134. 张辉:《全球价值链理论与中国产业发展研究》,《中国工业经济》2004 年第 5 期。

135. 张茉楠:《被贸易失衡掩盖的中美金融失衡》,《上海证券报》2011 年 12 月 14 日。

136. 张琦:《中国贸易利益分配表现与策略》,《统计与决策》2008 年第 23 期。

137. 张小蒂、孙景蔚:《基于垂直专业化分工的中国产业国际竞争力分析》,《世界经济》2006 年第 5 期。

138. 张志宏:《贸易利益国际分配指数的构建与中国贸易利益的实证研究》,《全国商情》2008 年第 9 期。

139. 张银银:《国际生产体系变革历程中的贸易利益研究综述》,《黑龙江对外经贸》2010 年第 2 期。

140. 张桂梅:《价值链分工下发展中国家贸易利益研究》,辽宁大学博士学位论文,2011 年。

141. 张纪:《产品内国际分工:动因、机制与效应研究》,上海社会科学院博士学位论文,2007 年。

142. 赵春明:《低碳经济环境下中国对外贸易发展方式转变研究》,人民出版社 2014 年版。

143. 赵春明:《国际贸易学》,石油工业出版社 2003 年版。

144. 赵春明:《跨国公司与国际直接投资》,机械工业出版社 2012 年版。

145. 赵春明:《中国对外贸易发展战略的演变与调整》,《北京师范大学学报》2008 年专刊。

146. 赵春明:《生产要素内涵式演进与国际经济竞争新优势的培育》,《新视野》2014 年第 1 期。

147. 赵春明、郭界秀:《进口贸易的技术进步效应研究综述》,《国际经贸探索》2010 年第 11 期。

148. 赵春明、李宏兵:《工序分工、生产率异质性与中美中间品贸易失衡》,《北京师范大学学报》2013 年第 6 期。

149. 赵春明、王怀民:《大国政府间的汇率博弈——中美巨额贸易差额下的人民币汇率问题研究》,《国际贸易问题》2005 年第 1 期。

150. 赵春明、文磊:《利用竞争新优势促进我国产业价值链的升级》,《红旗文稿》2014 年第 7 期。

151. 庄宗明:《中美经贸关系及其影响研究》,人民出版社 2007 年版。

152. 詹军:《世纪博弈——中美贸易战真相与反思》,上海远东出版社 2012 年版。

153. 曾铮、张路路:《全球生产网络体系下中美贸易利益分配的界定——基于中国制造业贸易附加值的研究》,《世界经济研究》2008 年第 1 期。

154. 曾铮:《全球工序分工与贸易研究——基于新兴市场国家视角的理论和中国经验》,中国社会科学院研究生院博士学位论文,2009 年。

155. 章丽群:《中美制成品产业内贸易与利益分配》,上海社会科学院博士学位论文,2009 年。

156. 翟冬平:《分工演进、贸易利益与中国的战略选择》,《求索》2011 年第 10 期。

157. 郑国姣、杨来科:《国际贸易利益分配与风险分担研究述评——基于全球价值链的视角》,《技术经济与管理研究》2016 年第 2 期。

158. 卓越、张珉:《全球价值链中的收益分配与"悲惨增长"——基于中国纺织服装业的分析》,《中国工业经济》2008 年第 7 期。

159. 周骏宇:《世贸组织谈判与利益分配——一种非对称进化博弈论分析》,《国际贸易问题》2005 年第 6 期。

160. 周玮、方勇、张二震:《论贸易投资一体化条件下的利益分配问题》,《当代经济管理》2005 年第 5 期。

161. 朱菲娜:《谁是中美贸易的获益者?》,《社会观察》2006 年第 4 期。

162. 朱廷珺:《外国直接投资、加工贸易利益分配:U 形价值链模型》,《中国流通经济》2007 年第 2 期。

163. 朱廷珺、胡安亚:《工序贸易的研究路径与进展》,《经济经纬》2010 年第 4 期。

164. Andrés Rodríguez-Clare, "Offshoring in a Ricardian World", *American Economic Journal:Macroeconomics*, 2010, Vol.2.

165. Baldwin R. and Frederic R. N., "Trade-in-goods and Trade-in-tasks:An Integrating Framework", NBER Working Paper, 2010, No.15882.

166. Baldwin R., "Heterogeneous Firms and Trade:Testable and Untestable Properties of the Melitz Model", NBER Working Paper, 2005, No.11.

167. Bhagwati J. N., Panagariya A. and Srinivasan T. N., "The Muddles over Outsourcing", *Journal of Economic Perspectives*, 2004, 18.

168. Bhagwati J.N.and Vivek H.Dehejia, "Free Trade and Wages of the Unskilled — Is Marx Striking Again", Washington D. C., American Enterprise Institute, 1994.

169. Balassa, B., "The Process of Industrial Development and Alternative Development Strategies", *The New Industrializing Countries in the World Economy*, New York, Pergamon Press, 1981.

170. Deardorff, Alan V., "Fragmentation across Cones", *New Production Patterns in the World Economy*, Oxford University Press, 2001.

171. Dixit A.K.and Grossman Gene M., "Trade and Protection with Multistage Production", *The Review of Economic Studies*, 1982, 49.

172. Grossman Gene M. and Esteban Rossi – Hansberg, "Trading Tasks: A Simple Theory of Offshoring", *American Economic Review*, 2008, 98.

173. Grossman Gene M. and Helpman E., "Outsourcing in the Global Economy", *Review of Economic Studies*, 2005, 72.

174. Helpman E., "International Organization of Production and Distribution", NBER Reporter: Research Summary Summer, 2006.

175. Hummels D., Ishii Jun and Yi, Kei – Mu, "The Nature and Growth of Vertical Specialization in World Trade", *Journal of International Economics*, 2001, 54.

176. Paul A. Samuelson, "Where Ricardo and Mill Rebut and Confirm Arguments of Mainstream Economists Supporting Globalization", *Journal of Economic Perspectives*, 2004, 18.

后　　记

　　本书是国家社会科学基金重大项目"加快劳动力要素自由流动的对外贸易战略转型研究"（14ZDA082）和国家社会科学基金重点项目"我国人力资本要素内涵式演进与国际经济竞争新优势培育研究"（14AJL011）的阶段性成果，也是中国博士后科学基金面上项目"工序分工条件下中美贸易利益分配研究"（2013M530537）的最终成果。

　　感谢江西宜春学院经济与管理学院邓宏亮副教授在本书写作方面给予的帮助；感谢北京师范大学经济与工商管理学院刘松柏教授、李宝元教授、仲鑫教授、陆跃祥教授，北京邮电大学经济管理学院陈岩教授，以及中国政法大学商学院宏结教授对书稿修改和完善提出的宝贵意见；感谢江西宜春学院经济与管理学院胡林龙院长和人事处范文魁老师的大力支持，没有他们的理解和支持，本书也难以顺利完稿；最后还要衷心感谢人民出版社经济与管理编辑部主任郑海燕编审为本书出版所付出的辛勤劳动。

　　工序分工条件下中美贸易利益的分配问题是国内外学术界的一个前沿性问题，也是研究难度很大、复杂程度很高、至今尚无定论的一个学术问题，同时对我国来说也是一个有着重大意义的现实问题。在本书中，我们在前人研究的基础上，希望能够把这方面的研究努力往前推进一步。当然，虽然我们为此付出了艰辛的努力，但其中的许多问题仍还有待于做进一步的探究与分析。"没有比人更高的山，没有比脚更远的路"。我们今后仍将砥砺前行,与学界同行一道,继续探寻工序分工条件下中美贸易利益分配的真谛。

作　者

2016 年 3 月

责任编辑:郑海燕
封面设计:肖　辉
责任校对:吕　飞

图书在版编目(CIP)数据

工序分工条件下中美贸易利益分配研究/熊珍琴　赵春明　著. —北京:
人民出版社,2016.6
ISBN 978－7－01－016327－7

I.①工…　Ⅱ.①熊…②赵…　Ⅲ.①贸易利益-利益分配-研究-中国、美国
Ⅳ.①F752.771.2

中国版本图书馆 CIP 数据核字(2016)第 128925 号

工序分工条件下中美贸易利益分配研究
GONGXU FENGONG TIAOJIAN XIA ZHONGMEI MAOYI LIYI FENPEI YANJIU

熊珍琴　赵春明　著

人民出版社 出版发行
(100706　北京市东城区隆福寺街 99 号)

环球东方(北京)印务有限公司印刷　新华书店经销

2016 年 6 月第 1 版　2016 年 6 月北京第 1 次印刷
开本:710 毫米×1000 毫米 1/16　印张:14.25
字数:170 千字

ISBN 978－7－01－016327－7　定价:42.00 元

邮购地址 100706　北京市东城区隆福寺街 99 号
人民东方图书销售中心　电话 (010)65250042　65289539